중국어 기초 회화 2

중국어 기초 회화 2

김진아 지음

HU:iNE

머리말

중국어 기초회화 1에 이어 출판하게 된 중국어 기초회화 2는 중국어에 관심 있는 성인을 대상으로 만들어진 학습서이다. 기초회화 1과 기초회화 2에서 다루는 단어와 문법 그리고 문장은 기초과정에서 배워야 할 기본적인 내용으로 이루어졌으며, 일상생활에서 가장 흔히 사용되고 빈도수가 높은 단어들로 상황대화를 꾸며 보았다. 또 중간마다 우리에게 익숙한 동화들을 초급회화 수준에 맞게 각색하여 학습자들의 흥미를 이끌었으며, 일반 회화만으로 배울 수 없는 간단한 표현과 단어들을 삽입하여 중국어를 흥미진진하게 학습할 수 있도록 하였다. 문법 설명이라고 할 수 있는 중국어 포인트는 매우 쉽고 간단하게 설명되어 학습자가 문법 학습에 부담감 없이 쉽게 익힐 수 있고, 회화 연습 부분 또한 듣고 말하기를 반복 학습게 함으로써 배운 내용이 자동 기억될 수 있도록 엮었다. 마지막으로 학습자들이 작문연습과 문제풀이를 통해 배운 학습 내용을 점검받을 수 있도록 구성하였다. 따라서 학습자가 차분하게 구성 순서대로

성실하게 학습해 나간다면, 한 과가 끝날 때는 배운 내용이 마스터 될 수 있도록 학습자들의 학습효과를 가장 효율적으로 높일 수 있는데 중점을 두었다. 중국어 기초회화 1과 더불어 중국어 기초회화 2는 한국사이버외대 중국어 학부 중국어 기초회화 1과 중국어 기초회화 2의 교재로 사용되고 있다. 중국어를 처음 접하는 많은 학습자가 중국어 기초 실력을 다지고 향상하는데 좋은 안내 책자가 되기를 희망한다.

2014년 3월

김진아

차례

04주차

05주차

06주차

차례

07주차

08주차

09주차

10주차

11주차

12주차

13주차

중국어 기초회화 2

01주차

제1과 请进! 들어오세요!

제2과 你们家好漂亮! 너희 집 정말 예쁘다!

제1과 请进!

들어오세요!

(叮噹)

딩동(벨이 울리는 소리)

莉莉: 谁呀?
Shéi ya?
리리 : 누구세요!

小明: 莉莉在家吗?
Lìli zài jiā ma?
샤오밍 : 리리 집에 있어요?

莉莉: 小明、请进！妈妈、小明来了。
Xiǎomíng, qǐng jìn! Māma, Xiǎomíng lái le.
리리 : 샤오밍, 들어와! 엄마 샤오밍이 왔어요.

小明: 阿姨好！
ā yí hǎo!
샤오밍 : 안녕하세요. 아주머니!

妈妈: 你好！请坐！
Nǐ hǎo! Qǐng zuò!
엄마 : 그래! 어서 들어오너라!

莉莉: 小明、你喝茶吗?
Xiǎomíng, nǐ hē chá ma?
리리 : 샤오밍, 차 마시겠어?

小明: 我不喝。谢谢！
Wǒ bù hē. Xièxie!
샤오밍 : 아니 안 마시래, 고마워.

莉莉: 请吃糖。
Qǐng chī táng.
리리 : 사탕 좀 먹어봐.

小明: 谢谢！
Xièxie!
샤오밍 : 고마워.

새로 나온 단어

请坐 qǐng zuò 앉으세요

喝茶 hē chá 차 드세요

吃糖 chī táng 사탕을 드세요

중국어 포인트

1) 명칭

- 莉莉 Lìli　리리
- 小明 Xiǎomíng　샤오밍
- 阿姨 āyí　호칭으로 이모, 아주머니, 혹은 어린이가 보모를 부르는 호칭으로 쓰입니다.

2) 동사

- 在 zài　있다
- 进 jìn　들어오다

- 进(jìn)은 여러 가지 뜻이 있지만 본문에서는 (바깥에서 안으로) 들어 오다의 뜻으로 쓰였습니다.
- 进(jìn)은 보통 방향보어 '来(lái)'와 '去(qù)'와 같이 쓰입니다.

예 문

进来	jìn lái	(안에서 사람이 들어오라는 표현) 들어오세요.
进去	jìn qù	(밖에서 안으로 들어가라는 표현) 들어가세요.
•来	lái	오다
•坐	zuò	앉다
•喝	hē	마시다
•吃	chī	먹다

TIP

중국어에서는 단음절 어휘 하나가 문장을 나타내는 경우도 있습니다.
따라서

•在!	zài!	있어요!
•来!	lái!	이리 와!
•坐!	zuò!	앉아!
•喝!	hē!	마셔!
•吃!	chī!	먹어! 의 단음절 동사들은 명령형 문장으로 사용됩니다.

3) 명사

- 家 jiā　집
- 糖 táng　사탕
- 茶 chá　차

4) 동사와 목적어의 만남

- 在家 zài jiā　집에 계시다
- 喝茶 hē chá　차를 마시다
- 吃糖 chī táng　사탕을 먹다

5) 请 qǐng

- …하십시오, …하시지요, 경의나 간청의 뜻을 나타냅니다. 뒤에는 주로 동사나 목적어를 수반한 동사가 옵니다.
- 请 qǐng + V : …하십시오 / …하시지요

예문

请坐!	Qǐng zuò!	앉으세요
请进!	Qǐng jìn!	들어오세요
请吃饭!	Qǐng chī fàn!	식사하세요
请吃糖!	Qǐng chī táng!	사탕 드세요
请喝茶!	Qǐng hē chá!	차 드세요

6) 의성어

- 叮噹　dīng dāng　딩동(벨소리)

7) 어기조사

- 呀(yā) 어기조사로 원래 啊(ā) 앞음·절의 끝소리가 [a·e·i·o·u]일 때 연음 변화를 일으켜 [ya]로 발음이 됩니다. 이 때 啊(ā)를 呀(yā)로 씁니다.

읽기 연습

- 谁呀 shéi ya
- 请坐 qǐng zuò
- 小明 Xiǎomíng
- 在家吗 zài jiā ma
- 请进 qǐng jìn
- 来了 lái le
- 阿姨好 āyí hǎo
- 请坐 qǐng zuò
- 喝茶 hē chá
- 请喝茶 qǐng hē chá
- 你喝茶吗 nǐ hē chá ma
- 不喝 bù hē
- 请吃糖 qǐng chī táng
- 谢谢 xièxie

회화 연습

1)

A: 他在哪里?

B: 他在学校里。

他在家里。

他在公司里。

他在游泳池里。

他在体育馆里。

2)

A: 你喝什么?

B: 我喝茶。

我喝水。

我喝可口可乐。

我喝汽水。

我喝咖啡。

我喝珍珠奶茶。

TIP

水	shuǐ	물
可口可乐	kěkǒukělè	코카콜라
汽水	qì shuǐ	사이다
咖啡	kāfēi	커피
珍珠奶茶	zhēnzhū nǎichá	버블티

요즘 중국에서는 한국에서 파는 버블티 같은 것이 유행이다. 버블티 속에 들어있는 동글동글한 것은 흑진주와 같고 재료도 중국 차에 우유, 설탕 등을 섞어 만들어 명칭을 珍珠奶茶 zhēnzhū nǎichá라고 부른다.

3)

A：你吃什么?

B：我吃糖。

我吃饭。

我吃水果。

我吃苹果。

我吃梨。

我吃香蕉。

4)

请坐!

请进!

请喝茶!

请吃饭!

작문 연습

A: 누구세요?

B: 김선생 집에 있어요? 저는 김선생의 친구에요.

A: 안녕하세요? 들어오세요.

앉으세요. 차 좀 드세요.

B: 감사합니다.

A: 차 드세요, 사탕 드세요.

B: 감사합니다.

정답

A: 谁呀?
B: 金先生在家吗? 我是金先生的朋友。
A: 你好! 请进!
请坐! 请喝茶。
B: 谢谢!
A: 请喝茶、请吃糖。
B: 谢谢!

간체자 써보기

请									
进									
阿	姨								
坐									
喝									
茶									
吃									
糖									

번체자 익히기

请 ---→ 請

进 ---→ 進

문제 풀이

1. 다음 한자의 발음과 성조가 맞는 것은?

(1) 家	① jiā	② jiǎ	③ jià	④ jiá
(2) 来	① lái	② lài	③ lǎi	④ lāi
(3) 糖	① tāng	② tǎng	③ táng	④ tàng
(4) 茶	① chà	② chā	③ chá	④ zhā
(5) 阿姨	① āyí	② ǎyi2	③ āyi	④ áyi

정답 (1) ① (2) ① (3) ③ (4) ③ (5) ①

2. 다음 그림을 보고 알맞은 명사를 고르시오.

[보기] 家 车 糖

정답 (1) 糖 (2) 车 (3) 家

3. 아래 문장에서 뜻이 알맞은 것끼리 연결하시오.

(1) 请进! •	• ① 차 드세요.
(2) 请坐! •	• ② 사탕 드세요.
(3) 请吃糖 •	• ③ 앉으세요.
(4) 请喝茶 •	• ④ 들어오세요.

정답 (1) ④ (2) ③ (3) ② (4) ①

제2과 你们家好漂亮!
너희 집 정말 예쁘다!

小明: 你们家的客厅好漂亮!
Nǐmen jiā de kètīng hǎo piàoliang!
샤오밍 : 너희 집 거실 정말 예쁘구나!

莉莉: 谢谢! 这是我的房间。
Xièxie! Zhè shì wǒ de fángjiān.
리리 : 고마워. 여기가 내 방이야.

小明: 哇! 你的房间很干净。
Wā! Nǐ de fángjiān hěn gānjìng.
샤오밍 : 와! 네 방은 정말 깨끗하구나!

莉莉: 请你到这边来。
Qǐng nǐ dào zhè biān lái.
리리 : 이리 좀 와 봐.

左边是我哥哥的房间。
Zuǒbiān shì wǒ gēge de fángjiān.
왼쪽은 우리 오빠 방이야.

右边是爸爸、妈妈的房间。
Yòubiān shì bàba, māma de fángjiān.
오른쪽은 아빠, 엄마 방이야.

厨房在那边。
Chúfáng zài nàbiān.
주방은 저기야.

小明: 请问、洗手间在哪里?
Qǐng wèn, xǐshǒujiān zài nǎlǐ?
샤오밍 : 화장실은 어디에 있어?

莉莉: 在这边。
Zài zhèbiān.
리리 : 이쪽이야.

새로 나온 단어

漂亮 piàoliang 예쁘다
干净 gānjìng 깨끗하다
这边 zhèbiān 이쪽
那边 nàbiān 저쪽
左边 zuǒbiān 왼쪽
右边 yòubiān 오른쪽
厨房 chúfáng 주방
洗手间 xǐshǒujiān 화장실

중국어 포인트

1) 명칭

- 好 hǎo　아주, 정말, 참으로 (감탄의 의미가 담겨있다)

好(hǎo)는 여러 가지 뜻과 용법이 있지만 여기서는 형용사와 동사 앞에서 형용사와 동사를 수식하는 부사로 쓰였습니다.

예 문

好漂亮!	Hǎo piàoliang!	정말 예쁘다!
好干净!	Hǎo gānjìng!	아주 깨끗하다!

2) 집 구조를 나타내는 단어

- 客厅 kètīng　거실
- 房间 fángjiān　방
- 爸爸、妈妈的房间 = 主卧 bàba, māma de fángjiān = zhǔwò　안방
- 书房 shūfáng　서재
- 客房 kèfáng　손님방
- 厨房 chúfáng　주방
- 洗手间 = 卫生间 xǐshǒujiān = wèishēngjiān　화장실
- 阳台 yángtái　베란다

TIP

啊(ā)가 [u • ao • ou]로 끝나는 음절 뒤에 쓰이면 哇(wā)로 변음을 하므로 啊가 哇로 됩니다. 조사로 쓰일 경우에는 경성으로 발음합니다.

예 문

你好哇?	Nǐ hǎo wa?	안녕하십니까? //
别哭哇。	Bié kū wa.	울지 마라.
你怎么还不走哇?	Nǐ zěnme hái bùzǒu wa?	너 왜 아직 안 갔니?

3) 감탄사

- 哇 wā/wa ① 와! 감탄 혹은 크게 우는 소리
  ② [wa]로 발음 할 경우는 조사로 쓰여 문장 끝에 위치한다. eg) 多好哇

4) 방향을 나타내는 단어

- 这边 zhèbiān 이쪽
- 那边 nàbiān 저쪽
- 左边 zuǒbiān 좌측
- 右边 yòubiān 우측

읽기 연습

- 客厅在右边 kètīng zài yòubiān
- 厨房在左边 chúfáng zài zuǒbiān
- 洗手间在那边 xǐshǒujiān zài nàbiān
- 客厅好漂亮 kètīng hǎo piàoliang
- 你们家的客厅好漂亮 nǐmen jiā de kètīng hǎo piàoliang
- 这是我的房间 zhè shì wǒ de fángjiān
- 你的房间很干净 nǐ de fángjiān hěn gānjìng
- 请你到这边来 qǐng nǐ dào zhèbiān lái
- 左边是我哥哥的房间 zuǒbiān shì wǒ gēge de fángjiān
- 右边是爸爸、妈妈的房间 yòubiān shì bàba, māma de fángjiān
- 厨房在那边 chúfáng zài nàbiān

회화 연습

1)

A：我的房间怎么样?

B：你的房间好漂亮!

你的房间好干净!

你的房间好大!

你的房间好小!

2)

A：这是谁的房间?

B：这是我的房间。

这是爸爸妈妈的房间。

这是姐姐妹妹的房间。

3)

A：这边是哪里?

B：这边是我的房间。

这边是厨房。

这边是客厅。

这边是洗手间。

这边是书房。

这边是阳台。

작문 연습

A : 너희 집은 정말 아름답구나!

응접실이 정말 크다!

네 방이 어디니?

B : 여기가 내 방이야.

A : 우와! 네 방이 참 깨끗하다!

너희 아빠 엄마 방은 어디야?

B : 이쪽으로 와 봐.

오른쪽이 우리 아빠 엄마 방이야.

왼쪽이 우리 오빠 방이야, 이쪽은 부엌이야.

A： 화장실은 어디에 있어?

B： 화장실은 이쪽이야.

우리 오빠 방 왼쪽에 있어.

정답

A: 你的家好漂亮!
客厅好大。
你的房间在哪里?
B: 这便是我的房间。
A: 哇! 你的房间好干净!
你爸爸、妈妈的房间在哪里?
B: 请到这边来。
右边是我爸爸、妈妈的房间。
左边是我哥哥的房间、这边是厨房。
A: 请问、洗手间在哪里?
B: 洗手间在这边。
我哥哥房间的左边。

간체자 써보기

漂	亮								
亮	厅								
干	净								
这	边								
来									
左	边								
右	边								
厨	房								
那	边								
洗	手	间							

번체자 익히기

厅 ---> 廳

干净 ---> 乾淨

边 ---> 邊

来 ---> 來

间 ---> 間

문제 풀이

1. 다음 단어의 발음과 성조로 맞는 것은?

(1) 房间	① fángjiān	② fāngjiān	③ fàngjiàn
(2) 干净	① gānjìng	② gànjìng	③ gānjing
(3) 厨房	① chúfáng	② chú fāng	③ chú fàng
(4) 左边	① zuǒ biān	② zuò biān	③ zuǒ biàn

정답 (1) ① (2) ① (3) ① (4) ①

2. 다음 단어의 뜻으로 알맞은 것은?

(1) 右边	① 이쪽	② 저쪽	③ 좌측	④ 우측
(2) 那边	① 이쪽	② 저쪽	③ 좌측	④ 우측
(3) 洗手间	① 부엌	② 서재	③ 화장실	④ 거실
(4) 这边	① 이쪽	② 저쪽	③ 좌측	④ 우측

정답 (1) ④ (2) ② (3) ③ (4) ①

3. 아래 문장에서 뜻이 알맞은 것끼리 연결하시오.

(1) 客厅 ●	● ① 洗手
(2) 洗手间 ●	● ② 睡觉
(3) 房间 ●	● ③ 喝茶
(4) 厨房 ●	● ④ 做菜

정답 (1) ③ (2) ① (3) ② (4) ④

중국어 기초회화 2

02주차

제3과 朋友来学校 친구가 학교에 오다

제4과 在课堂里 교실에서

제3과 朋友来学校

친구가 학교에 오다

莉莉: 好久不见!
Hǎo jiǔ bú jiàn!
리리 : 오랜만이야!

小明: 好久不见! 你们学校很大。
Hǎo jiǔ bú jiàn! Nǐmen xuéxiào hěn dà.
샤오밍 : 오랜만이야! 너희 학교 정말 크구나!

莉莉: 我来介绍一下。
Wǒ lái jièshào yíxià.
리리 : 내가 소개할게.

左边是操场、操场旁边是图书馆。
Zuǒbiān shì cāochǎng, cāochǎng pángbiān shì túshūguǎn.
왼쪽이 운동장이고 운동장 옆은 도서관이야.

小明: 你们教室在哪边?
Nǐmen jiàoshì zài nǎbiān?
샤오밍 : 너희 교실은 어디에 있니?

莉莉: 我们教室在礼堂和体育馆的中间。
Wǒmen jiàoshì zài lǐtáng hé tǐyùguǎn de zhōngjiān.
리리 : 우리 교실은 강당과 체육관의 중간에 있어.

小明: 你们教室离这儿远 吗?
Nǐmen jiàoshì lí zhèr yuǎn ma?
샤오밍 : 너희 교실은 여기에서 머니?

莉莉: 一点儿也不远、很近。
Yìdiǎr yě bùyuǎn, hěn jìn.
리리 : 조금도 멀지 않아, 아주 가까워.

走路需要五分钟。
Zǒulù xūyào wǔ fēnzhōng.
걸어서 5분 걸려.

小明: 哇! 你们学校真的很大。
Wā! Nǐmen xuéxiào zhēn de hěn dà.
샤오밍 : 와! 너희 학교 정말 크다.

새로 나온 단어

介绍一下 jièshào yíxià 소개하다
操场 cāochǎng 운동장
图书馆 túshūguǎn 도서관
体育馆 tǐyùguǎn 체육관
教室 jiàoshì 교실
礼堂 lǐtáng 강당
远 yuǎn 멀다
近 jìn 가깝다
走路 zǒulù 길을 걷다, 걸어서
离 lí …에서, …로부터, …까지(전치사)
需要 xūyào 필요하다
哇 wā 와!(감탄사)
真的 zhēnde 정말이다

중국어 포인트

1) 介绍一下 jièshào yíxià 소개하다

위의 표현으로는 상대방에게 사물 혹은 인물을 소개해 보는 것을 의미하는지 아니면 내가 무엇에 대해 소개하겠다는 의미인지가 분명하지 않다. 따라서 이러한 것을 구분하기 위해서는 我 (你) 来介绍一下。 Wǒ (nǐ) lái jièshào yíxià。라고 하면 자신이 어떠한 것에 대해 소개를 하겠다는 것이고, '我'대신에 '你'를 쓴다면 상대방에게 소개를 해달라는 의미이거나 소개를 요청하는 의미가 된다.

2) 동사

- 操场 cāochǎng　운동장
- 图书馆 túshūguǎn　도서관
- 体育馆 tǐyùguǎn　체육관
- 教室 jiàoshì　교실
- 礼堂 lǐtáng　강당

3) 방향사

- 旁边 pángbiān　옆
- 中间 zhōngjiān　중간, 가운데

4) 형용사

- 远 yuǎn　멀다
- 近 jìn　가깝다

부사의 수식을 받는다.	很远 / 很近
부정사는 앞에 '不'를 붙인다.	不远 = 近 / 不近 = 远

• 一点儿也不远
yìdiǎr yě bùyuǎn

조금도 멀지 않다 = 很近 hěn jìn
一点儿也不远 yìdiǎr yě bùyuǎn
조금도 가깝지 않다 = 很远 hěn yuǎn

• 走路
zǒulù

A：走故宫博物馆怎么走？ Zǒu Gùgōng bówùguǎn zěnme zǒu?
B：走路走。 Zǒulù zǒu.
走路十分钟。 Zǒulù shí fēnzhōng.

• 离 …에서, …로부터, …까지(전치사)
lí

공간적 시간적 거리를 나타낼 때 기준점이 되는 시간, 장소를 나타내는 명사 앞에 쓴다.

예 문

北京离天津三百里。 Běijīng lí Tiānjīn sānbǎilǐ.
북경에서 천진까지는 삼백리이다.
我们学校离车站很远。 Wǒmen xuéxiào lí chēzhàn hěn yuǎn.
우리 학교는 정거장에서 매우 멀다.

• 需要 필요하다
xūyào

예 문

我们需要时间。 Wǒmen xūyào shíjiān.
우리는 시간이 필요하다.
我们这里需要吃的和喝的。 Wǒmen zhèlǐ xūyào chīde hé hēde.
우리는 먹을 것과 마실 것이 필요하다.
你需要多努力。 Nǐ xūyào duō nǔlì.
당신은 더 많은 노력이 필요하네요.

읽기 연습

- 朋友来学校 péngyǒu lái xuéxiào
- 你们学校很大 nǐmen xuéxiào hěn dà
- 我来介绍一下 wǒ lái jièshào yíxià
- 左边是操场 zuǒbiān shì cāochǎng
- 旁边是图书馆 pángbiān shì túshūguǎn
- 操场旁边是图书馆 cāochǎng pángbiān shì túshūguǎn
- 教室在礼堂和体育馆的中间 jiàoshì zài lǐtáng hé tǐyùguǎn de zhōngjiān
- 教室离这儿远吗 jiàoshì lí zhèr yuǎn ma
- 一点儿也不远 yìdiǎr yě bùyuǎn
- 需要五分钟 xūyào wǔ fènzhōng
- 走路需要五分钟 zǒulù xūyào wǔ fènzhōng

회화 연습

1)

A：我们学校怎么样?

B：你们学校很大。

你们学校真漂亮。

你们学校学生很多。

2)

A：你们教室在哪边?

B：我们教室在操场的左边。

我们教室在图书馆的旁边。

我们教室在礼堂和体育馆的中间。

3)

A：你们家离这儿远吗?

B：我们家这儿不远。走路需要五分钟。

我们家离这儿很近。走路需要一分钟。

我们家离这儿一点儿也不远,

坐车需要三分钟。

작문 연습

A : 오랜만이다!

B : 너희 학교 정말 멀구나. 차 타고 한 시간이야. 너희 학교 구경 좀 시켜주렴.

A : 좋아! 여기가 도서관이야. 도서관 오른쪽은 운동장이야.

B : 너희 교실은 어디에 있니?

A : 여기서 멀지 않아. 걸어서 5분 가야 돼.

B : 저것은 뭐니?

A : 저것은 강당이고, 강당 옆은 체육관이야.

B : 와! 체육관이 정말 크구나.

A : 네 교실은 체육관에서 머니?

B : 멀지 않아. 매우 가까워.

A : 걸어서 3분이야.

정답

A: 好久不见!
B: 你们学校很远。
坐车需要一个小时。
你来介绍一下你们学校。
A: 好! 这里是图书馆。
图书馆右边是操场。
B: 你们教室在哪里?
A: 离这儿不远。
走路需要五分钟。
B: 那是什么?
A: 那是礼堂、礼堂旁边是体育馆。
B: 哇! 体育馆很大。
A: 你的教室离体育馆远吗?
B: 不远。很近。
A: 走路需要三分钟。

간체자 써보기

介	绍								
操	场								
旁	边								
图	书	馆							
教	室								
礼	堂								
中	间								
离									
远									
近									
走	路								

需	要								
哇									

번체자 익히기

介绍 ---> 介紹

操场 ---> 操場

礼堂 ---> 禮堂

中间 ---> 中間

离 ---> 離

远 ---> 遠

문제 풀이

1. 다음 단어에 알맞은 발음은?

(1) 学校 ① xuéxiào ② xuěshào ③ xuēxiào ④ xiéxiào
(2) 介绍 ① jiēxiào ② jièshào ③ jiéxiào ④ jiēxiāo
(3) 操场 ① chāocháng ② cāochǎng ③ zhāocáng ④ cǎocháng
(4) 图书馆 ① túshūguǎn ② túshūguān ③ tǔshūguǎn ④ túshúguǎn
(5) 教室 ① jiāoshī ② jiǎoshì ③ jiāoshì ④ jiàoshì

정답 (1) ① (2) ② (3) ② (4) ① (5) ④

2. 다음 알맞은 것은?

(1) 강당 ① 教室 ② 礼堂 ③ 家 ④ 操场
(2) 옆 쪽 - 왼쪽 - 가운데 ① 旁边 - 左边 - 右边
② 旁边 - 中间 - 右边
③ 旁边 - 左边 - 中间
④ 左边 - 中间 - 右边

정답 (1) ② (2) ③

3. 다음 반대되는 말을 보기에서 고르시오.

[보기] 小, 近, 走路, 少

① 远 ② 大 ③ 坐车

정답 ① 远 ↔ 近 // ② 大 ↔ 小 // ③ 坐车 ↔ 走路

4. 다음 빈칸에 알맞은 것을 보기에서 고르시오.

[보기] 近 / 远 / 一点儿 / 需要 / 离

(1) 你们教室 ( ) 这儿远吗?
(2) ( ) 也不远, 很 ( )。
(3) ( ) 走路吗? 走路 ( ) 几分钟?

정답 ① 离 ② 一点儿 ③ 需要, 需要

제4과 在课堂里
교실에서

莉莉: 这是我们的教室。
Zhè shì wǒmen de jiàoshì.
리리 : 여기가 우리 교실이야.

小明: 你的座位在哪里?
Nǐ de zuòwèi zài nǎlǐ?
샤오밍 : 너의 자리는 어디니?

莉莉: 我的座位在教室的中间。
Wǒ de zuòwèi zài jiàoshì de zhōngjiān.
리리 : 내 자리는 교실의 중간에 있어.

小明: 你旁边是谁?
Nǐ pángbiān shì shéi?
샤오밍 : 너의 옆 자리는 누구니?

莉莉: 我左边是美美、右边是小王。
Wǒ zuǒ biān shì Měimei, yòu biān shì Xiǎowáng.
리리 : 내 왼쪽은 메이메이이고, 오른쪽은 샤오왕이야.

小明: 前边呢?
Qiánbiān ne?
샤오밍 : 앞쪽에는?

莉莉: 前边是小云。
Qiánbian shì Xiǎoyún.
리리 : 앞쪽은 샤오윈이 있어.

小明: 后边呢?
Hòu biān ne?
샤오밍 : 뒤쪽에는?

莉莉: 后边是小芳。
Hòu biān shì Xiǎofāng.
리리 : 뒤쪽에는 샤오팡이 있지.

小明: 你们班的学生有多少?
Nǐmen bān de xuéshēng yǒu duōshǎo?
샤오밍 : 너희 반 학생이 몇 명이니?

莉莉: 我们班一共有二十个学生。
Wǒmen bān yígòng yǒu èrshí gè xuéshēng.
男同学有八个、女同学有十二个。
Nán tóngxué yǒu bā gè nǚ tóngxué yǒu shí èr gè.
리리 : 우리 반은 모두 스무 명의 학생들이 있어.
남학생이 여덟 명, 여학생이 열두 명이야.

새로 나온 단어

课堂 kètáng	교실
座位 zuòwèi	자리
前边 qiánbiān	앞
后边 hòubiān	뒤
班 bān	반
男同学 nán tóngxué	남학생
女同学 nǚ tóngxué	여학생

중국어 포인트

1) 명사

- 课堂 kètáng 교실
- 座位 zuòwèi 자리
- 班 bān 반
- 男同学 nán tóngxué 남학생
- 女同学 nǚ tóngxué 여학생

2) 인명

- 美美 Měimei 메이메이(독음)
- 小王 Xiǎowáng 샤오왕(독음)
- 小云 Xiǎoyún 샤오윈(독음)
- 小芳 Xiǎofāng 샤오팡(독음)

3) 방향사

- 前边 qián biān 앞
- 后边 hòu biān 뒤

읽기 연습

• 在课堂里	zài kètáng lǐ
• 这是我们的教室	zhè shì wǒmen de jiàoshì
• 你的座位在哪里	nǐ de zuòwèi zài nǎlǐ
• 座位在教室的中间	zuǒwèi zài jiàoshì de zhōngjiān
• 旁边是谁	pángbiān shì shuí
• 左边是美美	zuǒ biān shì Měimei
• 右边是小王	yòu biān shì Xiǎowáng
• 前边是小云	qián biān shì Xiǎoyún
• 后边是小芳	hòu biān shì Xiǎofāng
• 你们班的学生有多少	nǐmen bān de xuéshēng yǒu duō shǎo
• 我们班一共有二十个	wǒmen bān yígòng yǒu èrshí gè
• 男同学有八个	nán tóngxué yǒu bā gè
• 女同学有十二个	nǚ tóngxué yǒu shí èr gè

회화 연습

1)

A：你的座位在哪里?

B：我的座位在小明座位的旁边。

我的座位在小明座位的前边。

我的座位在小明座位的后边。

2)

A：你左边是谁?

B：我左边是美美。

A：你右边是谁?

B：我右边是小王。

A：你前边是谁?

B：我前边是小云。

A：你后边是谁?

B：我后边是小芳。

3)

A：你们班的学生有多少?

B：(有) 十八个学生。

A：你们班一共有多少个学生?

B：一共有十八个学生。

A：你们班有多少个女同学?

B：我们班有十个女同学。

A：你们班有多少个男同学?

B：我们班有八个男同学。

작문 연습

A : 여기가 우리 교실이야.

B : 와! 너희 교실 매우 크다. 학생도 아주 많네!

너희 반 학생이 모두 몇 명이나 되니?

A : 모두 20명이야. 남학생이 8명, 여학생이 12명이야.

B : 네 자리는 어디에 있니?

A : 저쪽에 있어.

B : 네 옆에는 누구니?

A : 내 왼쪽에는 메이메이이고, 오른쪽은 샤오왕이야.

B : 그럼 네 앞쪽과 뒤쪽은 누구니?

A : 내 앞쪽은 샤오윈이고, 뒤쪽은 샤오팡이야.

정답

A: 这是我们的教室。
B: 哇！你们的教室很大。
你们班的学生有多少?
A: 我们班一共有二十个学生。
男同学有八个、女同学有十二个。
B: 你的座位在哪里?
A: 在那边。
B: 你旁边是谁?
A: 我左边是美美、右边是小王。
B: 那么、你前边和后边是谁?
A: 我前边是小云、后边是小芳。

간체자 써보기

课	堂								
前	边								
后	边								

번체자 익히기

课堂 ---→ 課堂

前边 ---→ 前邊

后边 ---→ 後邊

문제 풀이

1. 다음 단어의 병음으로 알맞은 것은?

(1) 体育馆	① tǐyùguān	② tìyùguān	③ tǐyùguǎn	④ tíyǔguǎn
(2) 礼堂	① lǐtáng	② lǐtǎng	③ lǐdǎng	④ lìtáng
(3) 课堂	① kětáng	② kètáng	③ guǒtáng	④ kètāng
(4) 座位	① zòuwèi	② zuòwèi	③ zuòwéi	④ zhuōwèi
(5) 班	① pàn	② pán	③ bàn	④ bān

정답 (1) ③ (2) ① (3) ② (4) ② (5) ④

2. 다음 단어를 잘 듣고 쓰여진 한자가 일치하면 (O), 일치하지 않으면 (X)를 하시오.

(1) 체육관 礼堂 ( ) (2) 교실 座位 ( )
(3) 도서관 图书馆 ( ) (4) 강당 体育馆 ( )
(5) 운동장 操场 ( )

정답 (1) X (2) X (3) O (4) X (5) O

3. 다음 단어의 반의어를 보기에서 고르시오.

[보기] 旁边 / 女 / 做车 / 前边 / 近 / 右边 / 学生

(1) 远 - ( ) (2) 后边 - ( ) (3) 左边 - ( ) (4) 走路 - ( ) (5) 男 - ( )

정답 (1) 近 (2) 前边 (3) 右边 (4) 坐车 (5) 女

4. 다음 괄호 안에 들어갈 단어를 보기에서 고르시오.

[보기] 分 钟 离 需要 要 走路 坐车

(1) 지금은 열 시 입니다. 现在十点 ( )。
(2) 여기는 학교에서 매우 멀다. 这里 ( ) 学校很远。
(3) 여기서 학교까지 걸어서 10분이다. 这里到学校 ( ) 十分钟。
(4) 우리는 먹을 것이 필요하다. 我们 ( ) 吃的。

정답 (1) 钟 (2) 离 (3) 走路 (4) 需要

중국어 기초회화 2

03주차

제5과 渔夫的故事 I

제6과 渔夫的故事 II

제5과 渔夫的故事 Ⅰ

金鱼: 老爹爹、请你把我放回大海吧。
Lǎodiēdie, qǐng nǐ bǎ wǒ fànghuí dàhǎi ba.
물고기 : 할아버지, 저를 바다로 보내주세요.

你要什么、我都能给你。
Nǐ yào shénme, wǒ dōu néng gěi nǐ.
원하는 것이 무엇이든 제가 당신에게 뭐든지 드릴 수 있어요.

老爹爹: 你自由自在地游吧、我什么也不要。
Nǐ zìyóuzìzàide yóu ba wǒ shénme yě búyào
노인 : 자유롭게 헤엄쳐 가거라, 나는 아무 것도 원하지 않는다.

老婆: 你这个笨蛋!
Nǐ zhège bèndàn!
부인 : 당신 바보예요!

老婆: 为什么不要东西?
Wèi shénme búyào dōngxi?
부인 : 왜 아무것도 원하지 않으세요?

你看、这木盆破城什么样子了、快去要来!
Nǐ kàn zhè mùpén pòchéng shénme yàngzi le kuài qù yàolái!
이 나무대야가 이 지경으로 부서졌는데···.
빨리 가서 (새로운 나무대야 하나를) 달라고 하세요.

金鱼: 你要什么呀? 老爹爹?
Nǐ yào shénme ya? Lǎo diēdie?
물고기 : 무엇을 원하세요, 할아버지?

老爹爹: 我的老婆想要一只新木盆。
Wǒ de lǎopó xiǎng yào yì zhī xīn mùpén.
노인 : 내 마누라가 대야를 원하는군.

새로 나온 단어

告诉 gàosu 알리다

放回 fànghuí 되돌려 놓다

自由自在地 zìyóuzìzàide 자유자재로, 자유롭게 (제한이나 속박이 없는 상태)

什么样子 shénme yàngzi 무슨 꼴이야

木盆 mùpén 나무로 만든 대야

破 pò 깨지다, 부서지다

快 kuài 빠르다

慢 màn 느리다

중국어 포인트

1) 명사

- 渔夫 yúfū 어부
- 故事 gùshi 옛날 이야기

예문

讲故事 jiǎng gùshi 옛날 이야기를 하다

- 爹爹 diēdie 할아버지

예문

老爹爹 lǎo diēdie

- 老婆 lǎopó 노파, 마누라

예문

我的老婆真漂亮。 Wǒ de lǎopó zhēn piàoliang. 나의 마누라는 정말 예쁘다.

- 海 hǎi 바다

예문

大海 dàhǎi 대양, 큰 바다

- 笨蛋 bèndàn 바보, 멍청이
- 木盆 mùpén 나무로 만든 대야

03주차

2) 把자 문형

把 bǎ는 전치사로 '…을/…으로서/…에 대해'라는 뜻을 가지고 있다.

형식

把 bǎ + 명사(동사 동작의 대상) + V …

예문

你把书拿来。 Nǐ bǎ shū ná lái. 너는 책을 가져와라.

3) 放回 fànghuí 되돌려 놓다

4) 都 dōu 모두

5) 自由自在地 zìyóuzìzàide

자유자재로, 자유롭게(제한이나 속박이 없는 상태)

예문

他自由自在地走路。 Tā zìyóuzìzài de zǒu lù. 그는 자유자재로 길을 걷고 있다.

6) 什么样子 shénme yàngzi 무슨 꼴이야

예문

你看、你是什么样子! Nǐ kàn, nǐ shì shénme yàngzi! 봐라, 네가 무슨 꼴인지!
破城什么样子了! Pò chéng shénmeyàngzi le! 이 지경으로 깨지다.
吃成什么样子了! Chī chéng shénmeyàngzi le! 이 지경이 될 때까지 먹다.

7) 破 pò 깨지다, 부서지다

8) 快 kuài / 慢 màn

예문

我吃得快、你吃得慢。 Wǒ chīde kuài nǐ chīde màn.
나는 빨리 먹고 그는 늦게 먹는다.

快去要来! Kuài qù yàolái! 빨리 가서 가져오도록 해라.

읽기 연습

- 把我放回大海吧 bǎ wǒ fànghuí dàhǎi ba
- 请你把我放回大海吧 qǐng nǐ bǎ wǒ fànghuí dàhǎi ba
- 你要什么我都能给你 nǐ yào shénmé wǒ dōu néng gěi nǐ
- 你自由自在地游吧 nǐ zìyóuzìzàide yóu ba
- 我什么也不要 wǒ shénme yě búyào
- 你这个笨蛋 nǐ zhège bèndàn
- 为什么不要东西 wéi shénme búyào dōngxi
- 这木盆破城什么样子了 zhè mùpén pòchéng shénme yàngzi le
- 快去要来 kuài qù yàolái
- 我的老婆想要一只新木盆 wǒ de lǎopó xiǎng yào yì zhī xīn mùpén

작문 연습

A : 원하는 것이 무엇이든 제가 당신에게 뭐든지 드릴 수 있어요.

저를 바다로 보내주세요

B : 나는 아무것도 원하지 않는다.

자유롭게 헤엄쳐 가거라.

C : 왜 아무것도 원하지 않으세요?

이 나무대야가 이 지경으로 부서졌는데….

빨리 가서 새로운 나무대야 하나를 달라고 하세요.

정답

A: 你要什么、我都能给你。
请你把我放回大海吧!
B: 我什么都不要、自由自在地游吧。
C: 为什么什么都不要?
这木盆破成什么样子了!
快去要一只新木盆。

문제 풀이

1. 다음 단어의 올바른 발음은?

(1) 渔夫	① yúfú	② yùfù	③ yǔfù	④ yúfū
(2) 故事	① gǔshì	② gùshì	③ gùshi	④ gùsì
(3) 爹爹	① diēdiē	② dídié	③ diēdié	④ diēdie
(4) 老婆	① lāopó	② lǎobó	③ láopó	④ lǎopó
(5) 笨蛋	① bèndàn	② běndàn	③ bēndàn	④ běndǎn
(6) 木盆	① mǔpén	② mùpēn	③ mùpěn	④ mùpén

정답 (1) ④ (2) ③ (3) ④ (4) ④ (5) ① (6) ④

2. 다음 알맞은 것은?

(1) 请你（　　　）我放回大海吧。
(2) 你要什么，我（　　　）能给你。
(3) 你（　　　）游吧，我什么也不要。
(4)（　　　）不要东西？
(5) 这木盆破成（　　　）了，快去要来！
(6) 我的老婆（　　　）要一只新木盆。

① 想 / 自由自在地 / 什么样子 / 为什么 / 把
② 把 / 都 / 自由自在地 / 为什么 / 什么样子 / 想
③ 都 / 把 / 为什么 / 自由自在地 / 想 / 什么样子
④ 都 / 把 / 自由自在地 / 为什么 / 什么样子 / 想

정답 ②

03주차

제6과 渔夫的故事 II

金鱼: 好吧、你们马上会有的。
Hǎoba nǐmen mǎshàng huì yǒude.
물고기 : 좋습니다. 당신들은 금방 갖게 되실 겁니다.

老婆: 傻瓜、再去要一撞木房子!
Shǎguā zài qù yào yízhuàng mùfángzi!
부인 : 바보 같긴, 다시 가서 통나무집이 한 채 필요하다고 말해요!

老婆: 你这个蠢货、为什么只要了一撞木房子?
Nǐ zhège chǔnhuò wèishénme zhǐyào le yízhuàng mùfángzi?
부인 : 이런 바보 같으니, 왜 통나무집만 필요하다고 했어요?

老婆: 去告诉金鱼、我要当女王!
Qù gàosu jīnyú wǒ yào dāng nǚwáng!
부인 : 가서 물고기에게 말해요! 내가 여왕이 되고 싶다고 해요!

老婆: 去告诉金鱼、我要当海上的女霸王!
Qù gàosu jīnyú wǒ yào dānghǎishàng de nǚ bàwáng
부인 : 금물고기에게 가서 말해, 내가 바다의 여왕이 되고 싶다고 해요!

叫它来伺候我!
Jiào tā lái cìhòu wǒ!
그에게 와서 내 시중을 들라고 해요!

새로 나온 단어

- 傻瓜 shǎguā 바보, 멍텅구리
- 蠢货 chǔnhuò 바보, 멍텅구리
- 马上 mǎshàng 곧, 바로
- 伺候 cìhou 시중들다, 시중들기가 어렵다
- 有的 yǒude 어떤 것, 어떤 사람
- 撞 zhuàng (집 한)채
- 告诉 gàosu 알리다

중국어 포인트

1) 명사

- 傻瓜 shǎguā　바보, 멍텅구리
- 蠢货 chǔnhuò　바보, 멍텅구리
- 女王 nǚwáng　여왕
- 女霸王 nǚbàwáng　대왕(여왕 중에서도 으뜸인 여왕)

2) 부사

- 马上 mǎshàng　곧, 바로

예문

我马上回来。　Wǒ mǎshàng huílái.　내가 바로 돌아올게.

3) 조동사

- 会 huì　…할 것이다

예문

明天会下雨。　Míngtiān huì xià yǔ.　내일은 비가 올 것이다.

4) 대명사

- 有的 yǒude　어떤 것, 어떤 사람

예문

有的看书、有的玩电脑。　Yǒude kàn shū, yǒude wán diànnǎo.
어떤 사람(들)은 책을 보고 어떤 사람(들)은 컴퓨터를 한다.

5) 양사

• 撞 (집 한) 채

예문

一撞木房子 yízhuàng mùfángzi 나무로 된 집 한 채

6) 동사

• 告诉 gàosu 알리다

예문

你告诉他明天开会。 Nǐ gàosu tā míngtiān kāihuì. 내일 회의 한다고 네가 그에게 알려라.

• 当 dāng …이 되다

예문

我要当女王! Wǒ yào dāng nǚwáng! 난 여왕이 될 거야!
我要当海上的女霸王! Wǒ yào dāng hǎishàngde nǚbàwáng! 난 바다의 대왕이 될 거야!

• 伺候 cìhou 시중들다, 시중들기가 어렵다

예문

他好伺候。 Tā hǎo cìhou. 그는 시중들기가 좋다.
他难伺候。 Tā nán cìhou. 그는 시중들기가 어렵다.

읽기 연습

- 你们马上会有的　nǐmen mǎshàng huì yǒude
- 傻瓜　shǎguā
- 再去要一撞木房子　zài qù yào yí zhuàng mùfángzi
- 你这个蠢货　nǐ zhège chǔnhuò
- 为什么只要了一撞木房子　wèishénme zhǐyào le yí zhuàng mùfángzi
- 去告诉金鱼　qù gàosu jīnyú
- 我要当女王　wǒ yào dāng nǚwáng
- 我要当海上的女霸王　wǒ yào dāng hǎishàngde nǚbàwáng
- 叫它来伺候我　jiào tā lái cìhou wǒ

작문 연습

A： 나는 여왕이 될 거야!

금물고기에게 가서, 내가 여왕이 되고 싶다고 해!

당장 가서 말해!

B： 알았어. 지금 당장 갈게.

A： 가서 통나무집 하나 달라고 해!

그에게 와서 나에게 시중들라고 해!

정답

A: 我要当女王!
去告诉金鱼、我要当女王!
马上去告诉它!
B: 知道了、我马上去。
A: 去要一撞木房子!
叫它来伺候我!

간체자 써보기

马	上								
蠢	货								
告	诉								
霸									

번체자 익히기

货 ---→ 貨

诉 ---→ 訴

문제 풀이

1. 다음 단어의 한자로 맞는 것은?

(1) 어부	① 渔夫	② 金鱼	③ 傻瓜	④ 女王
(2) 할아버지	① 蠢货	② 渔夫	③ 老婆	④ 爹爹
(3) 노파	① 渔夫	② 老婆	③ 老爹爹	④ 姐姐
(4) 이야기	① 故事	② 聊天	③ 告诉	④ 伺候

정답 (1) ① (2) ④ (3) ② (4) ①

2. 다음 단어의 발음으로 맞는 것은?

(1) 伺候	① cīhòu	② sìhòu	③ cìhou	④ chíhòu
(2) 破	① pà	② bó	③ pō	④ pò
(3) 快	① guài	② kuì	③ kuǎi	④ kuài
(4) 慢	① mǎn	② nǎn	③ mán	④ màn
(5) 告诉	① gǎosù	② gàoshù	③ gàosu	④ gāoshū

정답 (1) ③ (2) ④ (3) ④ (4) ④ (5) ③

MEMO

03주차

중국어 기초회화 2

04주차

1~6과 복습

핵심 어휘 & 표현

- 请 + 동사 …하세요
  qǐng
- 这边 이쪽
  zhè biān
  那边 저쪽
  nà biān
  左边 좌측
  zuǒ biān
  右边 우측
  yòu biān
- 旁边 옆
  pángbiān
  中间 가운데
  zhōng jiān
  离这儿远吗?
  lí zhèr yuǎn ma?
  走路需要… 걸어서 …이 걸리다
  zǒulù xūyào
- 前边 앞
  qián biān
  后边 뒤
  hòu biān
- 把 + 명사(동사의 동작의 대상) + V … …을, …으로서, …에 대해
  bǎ
- 我要当 + 명사 나는 …이 되고 싶다
  wǒ yào dāng

상황 회화

1) 손님이 찾아왔을 경우

- 谁呀? 누구세요?
  Shéi ya?
- 莉莉在家吗? 리리 집에 있어요?
  Lìli zài jiā ma?

- 请进！ 들어오세요!
  Qǐng jìn!
- 请坐！ 앉으세요!
  Qǐngzuò!
- 你喝茶吗? 차 마시겠어요?
  Nǐ hē chá ma?

2) 우리 집을 소개할 경우

- 这是我的房间。 여기가 내 방이야.
  Zhè shì wǒ de fángjiān.
- 你的房间很干净。 너의 방은 정말 깨끗하구나!
  Nǐ de fángjiān hěn gānjìng.
- 请你到这边来。 이쪽으로 와 봐.
  Qǐng nǐ dào zhè biān lái.
- 左边是我哥哥的房间。 왼쪽은 우리 오빠방이야.
  Zuǒ biān shì wǒ gēge de fángjiān
- 请问，洗手间在哪里? 화장실은 어디에 있니?
  Qǐngwèn, xǐshǒujiān zài nǎlǐ?
- 在这边。 이쪽에 있어.
  Zài zhè biān.

3) 우리 학교를 소개할 경우

- 我来介绍一下。 내가 소개할게.
  Wǒ lái jièshào yíxià.
- 左边是操场，操场旁边是图书馆。
  Zuǒ biān shì cāochǎng, cāochǎngpángbiān shì túshūguǎn.
  왼쪽이 운동장이고 운동장 옆은 도서관이야.
- 你们教室在哪边? 너희 교실은 어디에 있니?
  Nǐmen jiàoshì zài nǎ biān?
- 我们教室在礼堂和体育馆的中间。
  Wǒmen jiàoshì zài lǐtáng hé tǐyùguǎn de zhōngjiān.
  우리 교실은 강당과 체육관의 중간에 있어.
- 你们教室离这儿远吗? 너희 교실은 여기에서 머니?
  Nǐmen jiào shì lí zhèr yuǎnma?
- 一点儿也不远，很近。 조금도 멀지 않아. 매우 가까워.
  Yìdiǎr yě bù yuǎn hěn jìn

4) 방향을 나타낼 경우

- 你旁边是谁? 너의 옆자리는 누구니?
  Nǐ pángbiān shì shéi?

04주차

• 我左边是美美、右边是小王、前边是小云、后边是小芳。
Wǒ zuǒ biān shì Měimei, yòu biān shì Xiǎowáng, qián biān shì Xiǎoyún hòu biān shì Xiǎofāng
내 왼쪽은 메이메이이고, 오른쪽은 샤오왕이야. 앞쪽은 샤오윈이 있고, 뒤쪽에는 샤오팡이 있지.

5) 학급 인원수를 묻는 경우

• 你们班的学生有多少? 너희 반 학생이 몇 명이니?
Nǐmen bān de xuésheng yǒu duōshǎo?

• 我们班一共有二十个学生。 우리 반은 모두 스무 명의 학생들이 있어.
Wǒmen bān yígòng yǒu èrshí gè xuésheng.

6) 이야기 중국어 - 渔夫的故事

• 请你把我放回大海吧。 저를 바다로 보내주세요.
Qǐng nǐ bǎ wǒ fànghuí dàhǎi ba.

• 我要当女王! 나는 여왕이 되고 싶어!
Wǒ yào dāng nǚwáng!

치환 연습

1) 경의나 간청을 나타내는 请 (qǐng)

• 들어오세요! 请进!

• 식사하세요! 请吃饭!

• 사탕 드세요! 请吃糖!

• 차 드세요! 请喝茶!

2) 정도를 나타내는 好 (hǎo)

• 네 방은 정말 예쁘구나! 你的房间好漂亮!

• 네 방은 정말 깨끗하구나! 你的房间好干净!

• 네 방은 정말 크구나! 你的房间好大!

• 네 방은 정말 작구나! 你的房间好小!

3) 누구, 무엇을 소개할 때 介绍一下
jièshào yíxià

• 我来介绍一下。 제가 소개하겠습니다.
Wǒ lái jièshào yíxià

4) 방향1 这边 / 那边 / 左边 / 右边
zhè biān / nà biān / zuǒ biān / yòu biān

• 화장실은 이쪽입니다. 洗手间在这边。

• 화장실은 저쪽입니다. 洗手间在那边。

• 내 방은 오른쪽입니다. 我的房间在右边。

• 오빠의 방은 왼쪽입니다. 我哥哥的房间在右边。

5) 방향2 旁边 / 中间
pángbiān / zhōng jiān

• 우리 교실은 도서관 왼쪽에 있습니다.

我们教室在图书馆的旁边。

• 우리 교실은 강당과 체육관 중간에 있습니다.

我们教室在礼堂和体育馆的中间。

6) 장소와 장소 사이 거리를 표현 离…吗?
lí ma?

• 당신 집은 여기서 멉니까? 你们家离这儿远吗?

• 우리 집은 여기서 멀지 않습니다. 걸어서 5분 걸립니다.

我们家离这儿不远。走路需要五分钟。

• 우리 집은 여기서 아주 가깝습니다. 걸어서 1분 걸립니다.

我们家离这儿很近。走路需要一分钟。

• 우리 집은 여기서 조금도 멀지 않습니다. 차로 3분 걸립니다.

我们家离这儿一点也不远。坐车需要三分钟。

7) '…을 / …으로서 / …에 대해'의 전치사 把 bǎ

- 저를 바다로 보내주세요. 请你把我放回大海吧。
- 너는 책을 가져 와라. 你把书拿来。

8) 나는 …이 되고 싶다 我要当… wǒ yào dāng…

- 나는 바다의 여왕이 되고 싶다! 我要当海上的女霸王!

문제풀이

다음 한국어 문장을 보고 빈 칸에 알맞은 중국어, 병음, 성조를 적으세요.

1. 샤오밍 : 리리 집에 있어요?
   리 리 : 샤오밍, 들어와!

   小 明 : 莉莉在家吗?
   莉 莉 : 小明、( )!

정답 请进 qǐng jìn

2. 샤오밍 : 왼쪽은 우리 오빠 방이야.
   오른쪽은 아빠, 엄마 방이야.
   주방은 저기야.

   小 明 : ( ) 是我哥哥的房间。
   ( ) 是爸爸、妈妈的房间。
   厨房在 ( )。

정답 左边 Zuǒ biān / 右边 yòu biān / 那边 nà biān

3. 리　리 : 내가 소개할게. 왼쪽이 운동장이고 운동장 옆은 도서관이야.
샤오밍 : 너희 교실은 어디에 있니?
리　리 : 우리 교실은 강당과 체육관의 중간에 있어.
샤오밍 : 너희 교실은 여기에서 머니?
리　리 : 조금도 멀지 않아, 매우 가까워.

莉　莉 : 我来介绍一下。(　　　) 是操场、操场 (　　　) 是图书馆。
小　明 : 你们教室在 (　　　)?
莉　莉 : 我们教室在礼堂和体育馆的 (　　　)。
小　明 : 你们教室 (　　　) 这儿远吗?
莉　莉 : (　　　) 不远、很近。

정답 左边 zuǒ biān / 旁边 páng biān / 哪边 nǎ biān / 中间 zhōng jiān / 离 lí / 一点儿也 Yīdiǎr yě

중국어 기초회화 2

05주차

제7과 你买什么了? 무엇을 사셨습니까?

제8과 奶奶过生日 할머니 생신을 보내다

제7과 你买什么了?
무엇을 사셨습니까?

莉莉: 妈妈、你去哪儿了?
Māma, nǐ qù nǎr le?
리리 : 엄마, 어딜 다녀오세요?

妈妈: 明天是奶奶的生日、
Míngtiān shì nǎinaide shēngri
我去市场买一点儿吃的了。
wǒ qù shìchǎng mǎi yìdiǎr chīde le.
엄마 : 내일이 할머니 생신이잖니, 시장에 가서 먹을 거리를 좀 사 왔지!

莉莉: 你买什么了?
Nǐ mǎi shénme le?
리리 : 엄마! 뭘 사셨어요?

妈妈: 我买了鱼、肉、鸡、鸡蛋和白菜。
Wǒ mǎi le yú ròu jī jīdàn hé báicài.
엄마 : 생선, 고기 닭, 달걀 그리고 배추를 샀지!

莉莉: 有没有买水果?
Yǒu méiyǒu mǎi shuǐguǒ?
리리 : 과일은 안 사셨어요?

妈妈: 买了。我买了香蕉、芒果和苹果。
Mǎi le. Wǒ le mǎi xiāngjiāo mángguǒ hé píngguǒ
엄마 : 샀지! 엄마가 바나나, 망고, 사과를 사왔지.

莉莉: 香蕉是奶奶最喜欢的。
Xiāngjiāo shì nǎinai zuì xǐhuān de.
리리 : 바나나는 할머니께서 제일 좋아하는 거예요.
我最喜欢吃芒果。
Wǒ zuì xǐhuān chī mángguǒ.
제가 제일 좋아하는 것은 망고죠.

새로 나온 단어

市场 시장
shìchǎng

鱼 생선
yú

肉 고기
ròu

鸡 닭
jī

和 ~와, ~과
hé

白菜 배추
báicài

水果 과일
shuǐguǒ

芒果 망고
mángguǒ

最 가장, 매우, 최고
zuì

喜欢 좋아하다
xǐhuān

중국어 포인트

1) 명사

- 生日 shēngrì 생일
- 市场 shìchǎng 시장

2) 시장에서 살 수 있는 음식

- 鱼 yú 생선
- 肉 ròu 고기
- 鸡 jī 닭
- 鸡蛋 jīdàn 달걀
- 白菜 báicài 배추
- 水果 shuǐguǒ 과일
- 芒果 mángguǒ 망고

3) 동사

- 去 qù 가다
- 买 mǎi 사다
- 喜欢 xǐhuān 좋아하다

4) 표현

- 一点儿 yìdiǎr Yì + diǎn + er = yìdiǎr
- 是…的 shì de … 한 것이다.

이 표현은 강조하는 구문으로 강조하려는 성분을 是…的… shì…de 사이에 두어 강조한다.

예문

多吃一点儿吧。	Duō chī yìdiǎr ba.	조금 더 많이 드세요.
还有一点儿希望。	Hái yǒu yìdiǎr xīwàng.	희망이 조금은 있습니다.

5) 접속사

- 和 hé …와, …과, …하고 같은 종류나 구조를 병렬시킴.
- 세 가지 이상의 것을 병렬시킬 때 和 hé는 마지막 항목 앞에 두고 앞의 항목에는 작은 쉼표를 둠.

예문

香蕉是奶奶最喜欢的。 Xiāngjiāo shì nǎinai zuì xǐhuān de.
위의 예문에서 강조된 부분은 '할머니가 가장 좋아하는' 성분이다.

6) 명사화된 동사

- 吃的 chīde는 동사 '吃'과 '的'와 결합하여 '먹을 것'이라는 명사화과 된 단어이다.
- 喜欢的 xǐhuānde ='喜欢'이라는 동사와 '的'가 결합하여 '좋아하는 것'이라는 의미의 단어.

예문

我买了香蕉、芒果和苹果。 Wǒ mǎi le xiāngjiāo, mángguǒ hé píngguǒ.
나는 바나나, 망고와 사과를 샀습니다.

7) 부사

• 最 zuì　　가장, 최고로, 매우

영어의 최상급과 마찬가지 의미이다. 주로 '最 zuì + 형용사'의 형식으로 출현한다.

예문

他最漂亮。	Tā zuì piàoliang.	그녀가 가장 아름답다.
他最喜欢我。	Tā zuì xǐhuān wǒ.	그가 나를 제일 좋아한다.
我最喜欢吃苹果。	Wǒ zuì xǐhuān chī píngguǒ.	나는 사과를 가장 좋아한다.

읽기 연습

- 你买什么了 nǐ mǎi shénme le
- 你去哪儿了 nǐ qù nǎr le
- 明天是奶奶的生日 míngtiān shì nǎinǎi de shēngrì
- 我去市场买了一点儿吃的 wǒ qù shìchǎng mǎi le yìdiǎr chīde
- 我买了鱼、肉、鸡、鸡蛋和白菜 wǒ mǎi le yú, ròu, jī, jīdàn hé báicài
- 有没有买水果 yǒu méi yǒu mǎi shuǐguǒ
- 我买了香蕉、芒果和苹果 wǒ mǎi le xiāngjiāo, mángguǒ hé píngguǒ
- 香蕉是奶奶最喜欢的 xiāngjiāo shì nǎinai zuì xǐhuānde
- 香蕉是奶奶最喜欢吃的水果 xiāngjiāo shì nǎinai zuì xǐhuān chīde shuǐguǒ
- 我最喜欢吃芒果 wǒ zuì xǐhuān chī mángguǒ

회화 연습

1)

A: 你买什么了?

B: 我买鱼了。

我买鱼和肉了。

我买鱼、肉、鸡、和鸡蛋了。

我买鱼、肉、鸡、鸡蛋和白菜了。

2)

A: 你去市场买什么了?

B: 我去市场买了一点儿吃的。

我去市场买了一点儿水果。

3)

A: 香蕉是谁最喜欢吃的水果?

B: 香蕉是奶奶最喜欢吃的水果。

A: 芒果是谁最喜欢吃的水果?

B: 芒果是莉莉最喜欢吃的水果。

A: 苹果是谁最喜欢吃的水果?

B: 苹果是爸爸最喜欢吃的水果。

4)

A：奶奶最喜欢吃什么水果?

B：奶奶最喜欢吃香蕉。

A：莉莉最喜欢吃什么水果?

B：莉莉最喜欢吃芒果。

A：爸爸最喜欢吃什么水果?

B：爸爸最喜欢吃苹果。

5)

A：谁最喜欢吃香蕉?

B：奶奶最喜欢吃香蕉。

A：谁最喜欢吃芒果?

B：莉莉最喜欢吃芒果。

A：谁最喜欢吃苹果?

B：爸爸最喜欢吃苹果。

작문 연습

A : 엄마, 어디 다녀오세요?

B : 시장에 가서 먹을 것 좀 사 가지고 왔어.

A : 왜요?

B : 내일이 할머니 생신이잖아.

A : 뭐 사셨어요?

B : 닭, 계란, 생선, 고기하고 과일을 샀지.

05주차

A : 무슨 과일을 사셨어요?

B : 네가 좋아하는 사과, 망고, 그리고 바나나를 샀단다.

A : 망고는 내가 제일 좋아하는 것이고, 바나나는 할머니가 제일 좋아하는 것이에요.

정답

A: 妈妈、你去哪儿了?
B: 我去市场买了一点儿吃的。
A: 为什么?
B: 明天是奶奶的生日。
A: 你买什么了?
B: 我买了鸡、鸡蛋、鱼、肉和水果。
A: 你买了什么水果?
B: 我买了你喜欢的苹果、芒果和香蕉。
A: 芒果是我最喜欢的、
香蕉是奶奶最喜欢的。

간체자 써보기

市	场								
鱼									
肉									
鸡									
鸡	蛋								
和									
白	菜								
芒	果								
最									
喜	欢								

05주차

번체자 익히기

场 ---> 場

鸡 ---> 雞

문제 풀이

1. 다음 단어들의 발음과 성조가 옳은 것은?

(1) 去	① qǔ	② qù	③ qī	④ qǐ
(2) 生日	① shēngrì	② shěngrì	③ sēngrì	④ shèngrì
(3) 市场	① shéngcháng	② shìcāng	③ shīcháng	④ shìchǎng
(4) 明天	① míngtiān	② mìngtián	③ zuótiān	④ míngdiàn
(5) 白菜	① bǎicài	② báichái	③ báicài	④ bēichái

정답 (1) ② (2) ① (3) ④ (4) ① (5) ③

2. 다음 문장을 최상급으로 바꿀 때 '最'가 들어갈 곳은?

(1) 我①喜欢②吃③苹果。

(2) 芒果①是我②喜欢③吃的。

(3) 奶奶①不②喜欢③吃香蕉。

정답 (1) ① (2) ② (3) ①

3. 다음 문장은 병렬형 문장이다. '和'가 들어갈 곳은?

(1) 我买了①香蕉②芒果③苹果。

(2) 妈妈买了鸡蛋①鱼②肉③水果。

정답 (1) ③ (2) ③

제8과 奶奶过生日

할머니 생신을 보내다

莉莉: 生日蛋糕！生日蛋糕！
Shēngrì dàngāo! Shēngrì dàngāo!
리리 : 생일 케익이다! 생일 케익!

妈妈: 别闹！这是给奶奶的。
Bié nào! Zhè shì gěi nǎinaide.
엄마 : 떠들지 마라! 이건 할머니 드릴 거란다.

莉莉: 今天是奶奶生日吗?
Jīntiān shì nǎinai shēngrì ma?
리리 : 오늘이 할머니 생신이에요?

妈妈: 今天二月十一号、是奶奶生日。
Jīntiān èr yuè shíyī hào shì nǎinai shēngrì.
엄마 : 오늘은 2월 11일, 할머니 생신이란다. 너 잊었구나?

莉莉: 那是什么礼物?
Nà shì shénme lǐwù?
리리 : 저것은 무슨 선물이에요?

妈妈: 那是一块手表。手表是姑妈送的。
Nà shì yíkuài shǒubiǎo. Shǒubiǎo shì gūmā sòngde.
你有没有准备奶奶的礼物?
Nǐ yǒu méiyǒu zhǔnbèi nǎinaide lǐwù?
엄마 : 저건 손목시계다, 고모께서 보내신 거야. 넌 할머니 선물 준비했니?

莉莉: 我没有。
Wǒ méiyǒu
리리 : 전 없어요.

妈妈: 你会唱生日歌吗?
Nǐ huì chàng shēngrì gē ma
엄마 : 너 생일 축하 노래는 부를 줄 아니?

莉莉: 会。
Huì
리리 : 네.

妈妈: 你唱生日歌、祝奶奶生日快乐。
Nǐ chàng shēngrì gē, zhù nǎinai shēngrì kuàilè.
엄마 : 너는 생일 노래를 불러서 할머니 생신을 축하 드리렴.

새로 나온 단어

- 蛋糕 dàngāo 케익
- 别闹 bié nào 떠들지 마라 / 호들갑 떨지 마라
- 给 gěi 주다
- 忘 wàng 잊다
- 礼物 lǐwù 선물
- 手表 shǒubiǎo 손목시계
- 姑妈 gūmā 고모
- 送 sòng 보내다 / 배달하다 / 전하다
- 唱 歌 chàng gē 노래 부르다
- 祝 zhù 축하하다
- 快乐 kuàilè 즐겁다

중국어 포인트

1) 동사

- 过 guò　　지내다

　过生日 guò shēngri　　생일을 지내다

- 闹 nào　　떠들다

　别闹 bié nào　　떠들지 마라

- 给 gěi　　주다 // 목적어를 2개 취하는 동사

형식

给 gěi + 간접목적어 + 직접목적어

예문

他给我一块手表。　Tā gěi wǒ yí kuài shǒubiǎo.
나는 그에게 손목시계 하나를 주었다.
他给我一块蛋糕。　Tā gěi wǒ yí kuài dàngāo.
나는 그에게 케익 한 조각을 주었다.

- 忘 wàng　　잊다 / 망각하다

忘 wàng은 목적어로 명사나 절이 오거나 혹은 문장의 끝에 쓰일 때는 반드시 '忘了(wàng le)'의 형식을 취한다.

예문

我忘了他的名字。　Wǒ wàng le tā de míngzì. (O)
나는 그의 이름을 잊어버렸다.
我忘他的名字。　Wǒ wàng tā de míngzi. (X)

- 送 sòng　　보내다 / 배달하다 / 전달하다

예문

送货	sòng huò	물건을 배달하다
我送他上火车。	Wǒ sòng tā shàng huǒ chē.	

나는 그를 기차 타는 데까지 바래다 주었다.

我送你一包糖。　Wǒ sòng nǐ yì bāo táng.

내가 너에게 사탕 한 봉지 선물할게.

- 准备 zhǔnbèi　　준비하다

예문

春节我准备回家。　Chūnjié wǒ zhǔnbèi huíjiā.　설에 집에 갈 준비를 하다.

- 唱 chàng　　부르다

  唱歌 chàng gē　　노래를 부르다

2) 명사

- 蛋糕 dàngāo　　케익
- 礼物 lǐwù　　선물
- 手表 shǒubiǎo　　손목시계
- 姑妈 gūmā　　고모
- 歌 gē　　노래
- 生日歌 shēngrì gē　　생일노래

3) 부정사

- 别 bié　　하지 마라 = 不要 búyào
- 别送! Bié sòng!　　나오지 마라 (배웅하는 사람에게 가는 손님이 하는 표현)

- 别给！ 주지 마라
  Bié gěi
- 别闹！ 떠들지 마라
  Bié nào!
- 别忘了！ 잊지 마라
  Bié wàng le!
- 别唱！ 부르지 마라
  Bié chàng!
- 别准备！ 준비하지 마라
  Bié zhǔn bèi!

4) 양사

'수사+양사+명사'의 형식에서 '块 kuài'는 손목시계의 양사이다.

- 一块手表 손목시계 하나
  yí kuài shǒu biǎo
- 一块蛋糕 케익 한 조각
  yí kuài dàn gāo
- 一块钱 1원
  yí kuài qián

5) 생일축하의 표현

생일축하 표현으로 가장 보편적으로 쓰는 표현은 '祝生日快乐! Zhù shēngrì kuàilè!'이다. 이러한 표현에 상대방의 호칭을 넣어서 축하를 할 경우에는 다음과 같다.

- 祝奶奶生日快乐！ 할머니 생신 축하 드려요.
  Zhù nǎinai shēngrì kuàilè!
- 祝妈妈生日快乐！ 엄마 생일 축하 드려요.
  Zhù māma shēngrì kuàilè!

05주차

읽기 연습

- 奶奶过生日　nǎinai guò shēngrì
- 生日蛋糕　shēngrì dàngāo
- 别闹　bié nào
- 这是给妈妈的　zhè shì gěi māmade
- 今天是奶奶生日　jīntiān shì nǎinai shēngrì
- 今天是奶奶生日吗　jīntiān shì nǎinai shēngrì ma
- 今天二月十一号　jīntiān èr yuè shíyī hào
- 你忘了吗　nǐ wàng le ma
- 那是什么礼物　nà shì shénme lǐwù
- 那是一块手表　nà shì yí kuài shǒubiǎo
- 手表是姑妈送的　shǒubiǎo shì gūmā sòngde
- 你有没有准备奶奶的礼物　nǐ yǒu méiyǒu zhǔnbèi nǎinai de lǐwù
- 你会唱生日歌吗　nǐ huì chàng shēngrì gē ma
- 祝奶奶生日快乐　zhù nǎinai shēngrì kuàilè

회화 연습

1)

A：那是什么礼物?

B：那是一块手表。

2)

A：这块手表是谁送的?

B：这块手表是姑妈送的。
这块手表是莉莉送的。
这块手表是爸爸送的。

3)

A：你有没有准备生日礼物?

B：我准备了一个生日蛋糕。
我准备了一块手表。

4)

A：这是给谁的礼物?

B：这是给妈妈的生日礼物。
这是给爸爸的生日礼物。
这是给奶奶的生日礼物。

5)

A：祝姑妈生日快乐!
祝奶奶生日快乐!
祝哥哥生日快乐!
祝姐姐生日快乐!

작문 연습

A : 엄마, 오늘 할머니 생신이세요?

B : 너 잊었니? 오늘은 3월 28일, 할머니 생신이란다.

A : 생일 케익이네! 이것은 누가 보낸 선물이에요?

B : 이것은 손목시계인데 고모가 보낸 선물이야.

정답

A: 妈妈、今天是奶奶生日吗?
B: 你忘了吗? 今天(是)3月28号、
是奶奶生日。
A: 生日蛋糕! 这(个)是谁送的礼物?
B: 这(个)是一块手表、
是姑妈送的礼物。

간체자 써보기

蛋	糕								
别	闹								
给									
礼	物								
手	表								
姑	妈								
送									
唱	歌								
祝									
快	乐								

번체자 익히기

闹 ---> 鬧

礼 ---> 禮

乐 ---> 樂

문제 풀이

1. 다음 단어의 발음과 성조가 맞는 것은?

(1) 过	① guò	② guó	③ gòu	④ gōu
(2) 蛋糕	① dāngǎo	② dàngào	③ dàngāo	④ dàngǎo
(3) 手表	① shǒubiǎo	② sōubiǎo	③ shòubiǎo	④ shǒubiāo
(4) 别闹	① biēnào	② biénào	③ bèinào	④ biénào

정답 (1) ① (2) ③ (3) ① (4) ②

2. 다음 중 품사가 나머지 셋과 다른 하나는?

① 闹 ② 给 ③ 别 ④ 过

정답 ③ 别 - 부사 闹/给/过 - 동사

3. 다음 발음을 듣고 알맞은 것끼리 짝지으시오.

(1) lǐwù	① 准备
(2) shǒubiǎo	② 快乐
(3) zhǔnbèi	③ 礼物
(4) kuàilè	④ 手表

정답 (1) ③ (2) ④ (3) ① (4) ②

4. 다음 괄호 안에 들어갈 알맞은 동사를 보기에서 골라 적으세요.

[보기] 过 / 忘了 / 唱 / 给 / 准备

( ) 生日 (생일을 지내다)
( ) 礼物 (선물을 준비하다)
( ) 礼物 (선물을 주다)
( ) 准备礼物 (선물 준비를 잊어 버렸다)
( ) 生日歌 (생일 노래를 부르다)

정답 过 / 备准 / 给 / 忘了 / 唱

중국어 기초회화 2

06주차

제9과 把东西放好 물건을 제자리에 두다

제10과 帮妈妈做家务 엄마를 도와 집안일을 하다

제9과

把东西放好
물건을 제자리에 두다

妈妈: 莉莉、请你帮助妈妈打扫房间。
Lili qǐng nǐ bāngzhù māma dǎsǎo fángjiān
엄마 : 리리야, 엄마를 도와서 방 청소 좀 해 다오.

莉莉: 好。
Hǎo
리리 : 네.

妈妈: 莉莉、把皮鞋放在门外面,
Lili bǎ píxié fàngzài mén wài miàn
雨伞拿到屋子里面。
yǔsǎn ná dào wūzi lǐ miàn
엄마 : 리리야! 구두는 문 밖에다 놓고, 우산은 집안으로 가지고 들어오너라.

莉莉: 知道了、妈妈。
Zhīdào le māma
리리 : 알겠어요 엄마!

莉莉: 报纸放在什么地方?
Bàozhǐ fàngzài shénme difang?
리리 : 신문은 어디에 놓을까요?

妈妈: 茶几上面。
Chá jī shàngmiàn
엄마 : 탁자 위에 놓으렴.

莉莉: 拖鞋放在哪里?
Tuōxié fàng zài nǎlǐ?
리리 : 슬리퍼는 어디에 둘까요?

妈妈: 沙发下面。
Shāfā xià miàn
你房间里的垃圾丢到外面的垃圾桶里。
Nǐ fángjiānlǐde lājī diūdào wài miànde lājītǒng lǐ
엄마 : 슬리퍼는 소파 밑에 두렴. 네 방의 쓰레기도 밖의 쓰레기통에 버려라.

새로 나온 단어

帮助 bāngzhù 돕다
打扫 dǎsǎo 청소하다
丢 diū 버리다 / 잃어버리다
放 fàng 놓다
皮鞋 píxié 구두
雨伞 yǔsǎn 우산
报纸 bàozhǐ 신문
拖鞋 tuōxié 슬리퍼
垃圾 lājī 쓰레기
茶几 chájī 탁자
沙发 shāfā 소파
上面 shàng miàn 위
下面 xià miàn 아래
外面 wài miàn 밖
里面 lǐ miàn 안

중국어 포인트

1) 동사

• 帮助 bāngzhù 돕다

예문

他帮助我学汉语。 Tā bāngzhù wǒ xué Hànyǔ.
그는 내가 중국어를 공부하도록 돕는다.

• 打扫 dǎsǎo 청소하다

예문

打扫院子	dǎsǎo yuànzi	정원을 청소하다
打扫房间	dǎsǎo fángjiān	방을 청소하다

• 拿 ná …에 두다 / …로 옮기다 / 가지다 / (손으로) 쥐다

예문

拿在手上。	Ná zài shǒushàng.	손에 들고 있다 / 손으로 쥐다
常用的拿到里头。	Chángyòngde nádào lǐtóu.	잘 쓰는 것은 안으로 옮겨라.

• 丢 diū 버리다 / 잃어버리다

예문

昨天我丢了一块手表。 Zuótiān wǒ diū le yí kuài shǒubiǎo.
어제 나는 손목시계를 잃어버렸다.
不要丢东西! Bú yào diū dōngxi. 물건을 버리지 마라!

06주차

• 放 fàng　놓다

예문

桌子放这儿。 Zhuōzi fàng zhèr. 여기에 책상을 놓아라.
椅子放这儿。 Yǐzi fàng zhèr. 여기에 의자를 놓아라.

2) 동사와 목적어의 만남

• 打扫+房间 dǎsǎo fángjiān　방을 청소하다

• 拿+雨伞 ná yǔsǎn　우산을 들어라

拿+报纸 ná bàozhǐ　신문을 갖고 있어라

• 丢+垃圾 diū lājī　쓰레기를 버리다

• 放+报纸 fàng bàozhǐ　신문을 놓다

3) 把자 문형

把 bǎ는 전치사로 '…을/…으로서/…에 대해'라는 뜻을 가지고 있다.

형식

把 bǎ + 명사(동사의 동작의 대상) + V

예문

把衣服洗洗。 Bǎ yīfu xǐxi. 옷을 세탁하다.
把房间收拾一下。 Bǎ fángjiān shōushí yíxià. 방을 정리하다.

4) 명사

- 皮鞋 píxié 구두
- 雨伞 yǔsǎn 우산
- 报纸 bàozhǐ 신문
- 拖鞋 tuōxié 슬리퍼
- 垃圾 lājī 쓰레기
- 垃圾桶 lājītǒng 쓰레기통
- 茶几 chájī 탁자
- 沙发 shāfā 소파

5) 방향을 나타내는 명사

- 上 面 shàng miàn 위
- 下面 xià miàn 아래
- 外面 wài miàn 밖
- 里面 lǐ miàn 안

06주차

읽기 연습

- 把东西放好 bǎ dōngxi fàng hǎo
- 帮助妈妈打扫房间 bāngzhù māma dǎsǎo fángjiān
- 请你帮助妈妈打扫房间 qǐng nǐ bāngzhù māma dǎsǎo fángjiān
- 皮鞋放在门外面 píxié fàngzài mén wài miàn
- 把皮鞋放在门外面 bǎ píxié fàngzài mén wài miàn
- 雨伞拿到屋子里面 yǔsǎn nádào wūzi lǐ miàn
- 把雨伞拿到屋子里面 bǎ yǔsǎn nádào wūzi lǐ miàn
- 报纸放在什么地方 bàozhǐ fàngzài shénme dìfang
- 茶几上面 chájǐ shàng miàn
- 拖鞋放在哪里 tuōxié fàngzài nǎlǐ
- 沙发下面 shāfā xià miàn
- 垃圾丢到外面 lājī diūdào wài miàn
- 垃圾丢到外面的垃圾桶里 lājī diū dào wài miàn de lājītǒngli
- 你房间里的垃圾丢到外面的垃圾桶里 nǐ fángjiān lǐ de lājī diūdào wài miàn de lājītǒnglǐ

회화 연습

1)

A：莉莉，你会帮妈妈做什么？

B：我会帮妈妈打扫房间。

我会帮妈妈丢垃圾。

我会帮妈妈放好东西。

我会帮妈妈拿雨伞。

2)

A：妈妈，报纸放在哪里？

B：放在沙发上面。

放在茶几上面。

放在屋子里面。

丢在垃圾桶里。

3)

A：妈妈，我帮你做什么？

B：请你把房间打扫干净。

请你把皮鞋放在门外面。

请你把雨伞拿到屋子里面。

请你把皮鞋放在沙发下面。

请你把报纸放在茶几上面。

请你把垃圾丢在垃圾桶里。

작문 연습

A : 리리야, 엄마를 도와서 방 청소 좀 해다오.

B : 좋아요. 무엇을 도와드릴까요?

A : 구두는 문 밖에다 놓고, 우산은 집안으로 가지고 들어오너라.

B : 알겠습니다. 엄마, 신문은 어디에 놓을까요?

A : 탁자 위에 놓아라.

B : 엄마, 여기에 쓰레기가 많이 있네요.

A : 쓰레기는 쓰레기통에 버려라. 네 방의 쓰레기도 밖의 쓰레기통에 버려라.

B : 알겠습니다, 엄마.

정답

A: 莉莉、请你帮助妈妈打扫房间。
B: 好! 我帮你做什么?
A: 请你把皮鞋放在外面、把雨伞拿到屋子里面。
B: 知道了。妈妈、报纸放在哪里?
A: 茶几上面。
B: 妈妈、这里有很多垃圾。
A: 垃圾丢到垃圾桶里、你房间里的垃圾也丢到外面的垃圾桶里。
B: 知道了、妈妈。

간체자 써보기

帮	助								
打	扫								
皮	鞋								
门	外								
雨	伞								
拿									
报	纸								
茶	几								
皮	鞋								
沙	发								
丢									
垃	圾	桶							

번체자 익히기

扫 ---> 掃

门 ---> 門

伞 ---> 傘

报纸 ---> 報紙

发 ---> 發

문제 풀이

1. 다음 단어의 발음과 성조가 옳은 것은?

(1) 帮助	① bāngzhù	② bàngzhù	③ bàngzhū	④ bāngzhu
(2) 打扫	① dǎshǎo	② dásǎo	③ dàsǎo	④ dǎsǎo
(3) 报纸	① bàozhī	② bàozǐ	③ bàozhǐ	④ bàochǐ
(4) 垃圾	① lājī	② lājǐ	③ làjí	④ lājì

정답 (1) ① (2) ④ (3) ③ (4) ①

2. 다음 동사를 뜻에 맞게 넣으시오.

[보기] 拿 放 丢

(1) 我(　　)了一块手表。(잃어버리다)
(2) 请你帮助我(　　)雨伞。(가지고 있다)
(3) 报纸(　　)在桌子上。(놓다)

정답 (1) 丢 (2) 拿 (3) 放

3. 괄호 안에 들어가야할 단어는 무엇입니까?

(　　)房间收拾一下。

① 就 ② 把 ③ 吧 ④ 使

정답 ②

제10과 帮妈妈做家务
엄마를 도와 집안일을 하다

爸爸: 妈妈病了、我们几个怎样帮妈妈做家务？
Māma bìng le, wǒmen jǐ gè zěnyàng bāng māma zuò jiāwù?
아빠 : 엄마가 아프시구나, 우리들 몇 사람이 어떻게 엄마를 도울 수 있니?

妹妹: 我替妈妈扫地。
Wǒ tì māma sǎodì.
동생 : 제가 엄마 대신 청소를 할게요.

姐姐: 我帮妈妈洗衣服、晾衣服。
Wǒ bāng māma xǐ yīfu liàng yīfu
언니 : 저는 엄마를 도와 빨래를 하고 옷을 말릴래요.

哥哥: 我教妹妹做功课。
Wǒ jiāo mèimei zuò gōngkè.
오빠 : 저는 여동생 공부를 가르칠래요.

爸爸: 你们都是乖孩子。
Nǐmen dōu shì guāi háizi.
那么、我烧饭给你们吃。
Nàme wǒ shāo fàn gěi nǐmen chī
아빠 : 너희들 모두 착하구나. 그렇다면 아빠는 밥을 할게.

妹妹: 爸爸！你烧饭、我洗碗。
Bàba Nǐ shāo fàn wǒ xǐ wǎn
동생 : 아빠! 아빠가 밥을 하시면, 전 설거지를 할게요.

爸爸: 好的！妈妈听了一定会高兴的。
Hǎo de! Māma tīng le yídìng huì gāoxìng de
동생 : 좋아! 엄마가 들으시면 반드시 기뻐하실 거야.
我们都应该帮妈妈做家务。
Wǒmen dōu yīnggāi bāng māma zuò jiāwù
우리는 모두 당연히 엄마를 도와 집안일을 해야 해.

새로 나온 단어

- 病 bìng 병나다 / 앓다
- 洗 xǐ 씻다 / 세탁하다
- 晾 liàng (옷을)말리다
- 烧 shāo (음식을)하다
- 替 tì 대신하다 / 대신해 주다
- 家务 jiāwù 가사
- 功课 gōngkè 공부
- 都 dōu 모두 / 다
- 一定 yídìng 반드시 / 꼭
- 乖 guāi 얌전하다 / 착하다 / 영리하다
- 应该 yīnggāi 마땅히 …해야 한다

중국어 포인트

1) 동사

- 做 …을 하다
  zuò

做는 습관적으로 구체적인 물건의 제작에 씀

- 病 병 나다 / 앓다
  bìng

病은 동사 혹은 명사, 형용사로 쓰이지만 본문에서는 동사로 사용되었다.

예문

我有病。	Wǒ yǒu bìng.	나는 병이 있다 (명사)
我病了。	Wǒ bìng le.	나는 병이 났다 (동사)
病草	bìng cǎo	병든 풀 (형용사)

- 教 가르치다
  jiào

예문

教学生	jiào xuéshēng	학생을 가르치다

- 洗 씻다 / 세탁하다
  xǐ

예문

洗手	xǐ shǒu	손을 씻다
洗衣服	xǐ yīfu	밥하다
洗碗	xǐ wǎn	설거지하다

- 晾 (옷을)말리다
  liàng

예문

晾衣服	liàng yīfu	옷을 말리다
晾一碗开水	liàng yì wǎn kāi shuǐ	뜨거운 물 한 사발을 식히다

06주차

• 烧 (음식을) 하다
shāo

예문

烧煤	shāo méi	연탄을 때다
烧饭	shāo fàn	밥하다
烧菜	shāo cài	요리하다

• 替 대신하다, 대신해주다
tì

예문

大家替你值班。 Dàjiā tì nǐ zhíbān. 모두가 너를 대신하여 당직을 서다.

2) 명사

• 病 병
bìng

• 家务 가사
jiāwù

• 功课 공부
gōngkè

3) 의문대명사

• 几个 : 의문대명사 (몇) + 양사 = 几个人(jǐ ge rén) 몇 사람

예문

你们几个人在那儿干什么? Nǐmen jǐ gè rén zài nàr gàn shénme?
너희 몇 사람 거기에서 뭐 해?

• 怎样 어떠하냐(성질, 상황, 방식 따위를 물음)
zěn yàng

예문

想想从前怎样、再看看现在怎样?
Xiǎngxiang cóngqián zěnyàng, zài kànkan xiànzài zěnyàng?
옛날은 어떠한가를 생각해 보고 지금은 어떠한가를 생각해 보아라.

4) 부사

- 都 dōu　모두 / 다 (사물이나 사람을 총괄하여 전부를 나타냄)

예문

我们都是学生。	Wǒmen dōu shì xuéshēng.	우리는 모두 학생이다.
他们都是中国人。	Tāmen dōu shì Zhōngguórén.	그들은 모두 중국인이다.

- 一定 yídìng　반드시, 꼭

예문

我明天一定会去。	Wǒ míngtiān yídìng huì qù.	내가 내일 반드시 갈 것이다.
我一定去看你。	Wǒ yídìng qù kàn nǐ.	내가 너를 꼭 보러 갈게.

06주차

5) 형용사

- 乖 guāi　얌전하다, 착하다, 영리하다

예문

乖孩子	guāi hái zi	착한 아이

6) 조동사

- 应该 yīnggāi　마땅히 …해야 한다

예문

先生应该帮太太做家务。　Xiānshēng yīnggāi bāng tàitai zuò jiāwù.
남편은 마땅히 부인을 도와 집안일을 해야 한다.

읽기 연습

- 帮妈妈做家务　bāng māma zuò jiāwù
- 怎样帮妈妈做家务　zěnyàng bāng māma zuò jiāwù
- 我们几个怎样帮妈妈做家务　wǒmen jǐ gè zěnyàng bāng māma zuò jiāwù
- 我替妈妈扫地　wǒ tì māma sǎodì
- 洗衣服、晾衣服　xǐ yīfu,liàng yīfu
- 我教妹妹做功课　wǒ jiào mèimei zuò gōngkè
- 你们都是乖孩子　nǐmen dōu shì guāi háizi
- 我烧饭给你们吃　wǒ shāofàn gěi nǐmen chī
- 妈妈听了会高兴　māma tīng le huì gāoxìng
- 妈妈听了一定会高兴的　māma tīng le yídìng huì gāoxìng de
- 应该帮妈妈做家务　yīnggāi bāng māma zuò jiāwù
- 我们都应该帮妈妈做家务　wǒmen dōu yīnggāi bāng māma zuò jiāwù

회화 연습

1)

A: 妈妈在做什么?

B: 妈妈在做家务。

妈妈在洗碗。

妈妈在扫地。

妈妈在烧饭。

妈妈在洗衣服。

妈妈在晾衣服。

2)

A: 你们几个怎样帮妈妈做家务?

B: 我替妈妈扫地。

我替妈妈洗衣服。

我替妈妈晾衣服。

我替妈妈叫妹妹做功课。

我替妈妈烧饭。

我替妈妈洗碗。

3)

A: 妈妈病了、你们应该做什么?

B: 我们应该做功课。

我们应该烧饭给妈妈吃。

我们应该洗衣服。

我们应该打扫房间。

我们应该洗碗。

작문 연습

A： 엄마가 아프시니 너희들이 어떻게 엄마를 도와 집안일을 하겠니?

B： 저는 엄마 대신 청소를 할래요.

C： 저는 엄마를 도와 옷을 빨래할래요.

D： 저는 여동생 공부를 가르칠래요.

A： 너희들 모두 착하구나. 그렇다면 아빠는(나는) 밥하고 설거지할게.

B： 아빠! 아빠가 밥하세요, 제가 설거지 할래요.

A： 좋아! 엄마가 들으시면 반드시 기뻐하실 거야.

우리 모두는 당연히 엄마를 도와 집안일을 해야 한다.

정답

A: 妈妈病了、你们几个怎样帮妈妈做家务?
B: 我替妈妈扫地。
C: 我帮妈妈洗衣服。
D: 我教妹妹做功课。
A: 你们都是乖孩子。 那么、我烧饭给你们吃。
B: 爸爸! 你烧饭、我洗碗。
A: 好的! 妈妈听了一定会高兴的。
我们都应该帮妈妈做家务。

간체자 써보기

家	务								
病									
替									
扫	地								
晾									
功	课								
乖									
孩	子								
烧	饭								
碗									
都									
应	该								

번체자 익히기

务 ---→ 務	扫 ---→ 掃
课 ---→ 課	饭 ---→ 飯
应 ---→ 應	该 ---→ 該

문제 풀이

1. 다음 단어의 발음과 성조가 옳은 것은?

(1) 做	① zuò	② zuǒ	③ cuò	④ zòu
(2) 家务	① jiāwù	② jiāwú	③ jiàwù	④ jiǎwù
(3) 病	① bìng	② bīng	③ bǐng	④ bīn
(4) 碗	① wán	② wǎn	③ wàn	④ wān
(5) 晾	① liàng	② liǎng	③ liáng	④ làng

정답 (1) ① (2) ① (3) ① (4) ② (5) ①

2. 다음 동사를 뜻에 맞게 넣으시오.

[보기] 烧 / 乖 / 应该 / 教 / 都 / 替 / 一定 / 洗

(1) 我(　　　)妈妈扫地。
(2) 大家(　　　)替你高兴。
(3) 我帮妈妈(　　　)衣服，晾衣服。
(4) 我(　　　)妹妹做功课。
(5) 你们都是(　　　)孩子。
(6) 我(　　　)饭给你们吃。
(7) 妈妈听了(　　　)会高兴的。
(8) 我们都(　　　)帮妈妈做家务。

정답 (1) 替 (2) 都 (3) 洗 (4) 教 (5) 乖 (6) 烧 (7) 一定 (8) 应该

06주차

중국어 기초회화 2

07주차

제11과　龟兔比赛 Ⅰ　토끼와 거북이 Ⅰ

제12과　龟兔比赛 Ⅱ　토끼와 거북이 Ⅱ

제11과 龟兔比赛 I

토끼와 거북이 I

兔子: 乌龟、乌龟、咱们来赛跑吧！
Wūguī wūguī zánmen lái sàipǎo ba!
토끼 : 거북아, 거북아 우리 달리기 시합하자!

乌龟乌龟爬爬、一早出门菜花；
Wūguī wūguī pápa, yizǎo chūmén cǎihuā
거북이가 (엉금엉금)기어, 아침 일찍 집을 나서 꽃을 꺾으러 가네;

乌龟乌龟走走、傍晚还在门口。
Wūguī wūguī zǒuzou, bàngwǎn hái zài ménkǒu
거북이가 (엉금엉금)기어가도, 저녁이 되어서도 여전히 집 앞이라네.

乌龟: 兔子、你别神气、赛跑就赛跑！
Tù zǐ, nǐ bié shénqì, sàipǎo jiù sàipǎo!
거북이 : 토끼야, 우쭐대지 마! 시합하려면 하지 뭐!

兔子: 你说什么！好！
Nǐ shuōshénme! Hǎo!
토끼 : 뭐라고? 좋아!

咱们从这儿起跑，
Zán mencóng zhèr qǐ pǎo,
看谁先跑到那边山脚的大树下！
kàn shéi xiān pǎodào nà biān shānjiǎode dàshù xià!
우리 여기서부터 달려서, 누가 먼저 저 산 기슭 큰 나무 아래에 도착하는지 보자.

새로 나온 단어

- 赛跑 sàipǎo 달리기 시합하다
- 跟 gēn ~와 함께
- 菜花 cǎihuā 꽃을 꺾다
- 神气 shénqì 우쭐대다 / 으스대다 / 뽐내다
- 爬 pá 기다
- 身边 shēnbiān 곁에
- 乌龟 wūguī 거북이

중국어 포인트

- 乌龟 wūguī　거북이
- 兔子 tùzi　토끼
- 咱们 zánmen　우리들
- 采花 cǎihuā　꽃을 꺾다, 꽃을 따다
- 门口 ménkǒu　입구
- 赛跑 sàipǎo　시합하다
- 爬 pá　기어오르다
- 一早 yìzǎo　아침 일찍
- 傍晚 bàngwǎn　해질녘
- 神气 shénqì　우쭐대다
- 就 jiù　~는(하면) / ~이다
- 你说什么 nǐ shuō shénme　뭐라고? / 무슨 말을 하는 거야?
- 从…起 cóng qǐ　…에서부터
- 山脚 shānjiǎo　산기슭
- 大树下 dàshù xià　큰 나무 아래

읽기 연습

- 乌龟　　wūguī
- 咱们来赛跑吧　　zánmen lái sàipǎo ba
- 乌龟乌龟爬爬　　wūguī wūguī pápa
- 一早出门菜花　　yìzǎo chūmén cǎihuā
- 乌龟乌龟走走　　wūguī wūguī zǒuzou
- 傍晚还在门口　　bàngwǎn hái zài ménkǒu
- 你别神气　　nǐ bié shénqì
- 赛跑就赛跑　　sàipǎo jiù sàipǎo
- 你说什么　　nǐ shuō shénme
- 咱们从这儿起跑　　zánmen cóng zhèr qǐ pǎo
- 看谁先跑到那边山脚的大树下
  kàn shéi xiān pǎodào nà biān shānjiǎo de dàshù xià

작문 연습

A： 우리 달리기 시합하자!

B： 우쭐대지마!

A： 거북아, 기어가고 기어가더니 아직도 집 앞이네.

B： 뭐라고?

A： 우리 여기서부터 달리자. 누가 먼저 저 산기슭 큰 나무 아래에 도착하는지 보자.

정답

A: 我们赛跑吧!
B: 你别神气!
A: 乌龟，你走走爬爬，还在门口。
B: 你说什么?
A: 我们从这儿跑、
看谁先跑到那边山脚的大树下。

간체자 써보기

乌	龟								
咱	们								
赛	跑								
爬									
傍	晚								
神	气								
从									
脚									
树									

번체자 익히기

乌龟 ---> 烏龜

们 ---> 們

赛 ---> 賽

气 ---> 氣

从 ---> 從

树 ---> 樹

문제 풀이

1. 다음 단어에 알맞은 발음과 성조를 쓰세요. 예를 들면〉 山 shān

(1) 乌龟
(2) 咱们
(3) 赛跑
(4) 神气
(5) 门口

정답 (1) wūguī (2) zánmen (3) sàipǎo (4) shénqì (5) ménkǒu

2. 다음 문장 중 맞는 문장에 O표, 틀린 문장에 X표 하시오.

(1) 토끼가 뛴다. 兔子跑。( )
(2) 거북이가 긴다. 乌龟爬。( )
(3) 토끼는 나무 아래서 잠을 잔다. 兔子在山脚下睡觉。( )
(4) 우리 시합하자! 咱们赛跑吧! ( )
(5) 그는 아침 일찍 나갔다. 他傍晚出门了。( )
(6) 우리 여기서부터 달리기 시합하자. 我们从这儿起赛跑。( )
(7) 누가 먼저 저 산꼭대기 나무 아래로 달리나 보자. 看谁先跑到山脚的大树下。( )

정답 (1) O (2) O (3) X (4) O (5) X (6) O (7)O

3. 다음 해석을 참고로 빈칸에 알맞은 단어를 넣으세요.

[보기] ① 一早 ② 别 ③ 就 ④ 从…起

(1) 咱们( )这儿( )跑。 우리 여기서부터 달려보자.
(2) 赛跑( )赛跑。 달리자면 달리는 거지.
(3) 你( )神气。 우쭐대지 말아라.
(4) ( )出门菜花。 아침 일찍 집을 나서 꽃을 따다.

정답 (1) ④从…起 (2) ③就 (3) ②别 (4) ①一早

제12과 龟兔比赛 II
토끼와 거북이 II

兔子： 我跟乌龟赛跑、真是开玩笑！
Wǒ gēn wūguī sàipǎo, zhēn shì kāi wánxiào!
토 끼 : 나와 거북이가 함께 달리기 시합을 하다니, 정말 우습군!

我先睡一觉、反正乌龟赶不上的！
Wǒ xiān shuì yi jiào, fǎnzhèng wūguī gǎnbu shàngde!
나는 먼저 한숨 자야겠다. 어쨌든 거북이는 따라잡지 못할 테니까!

哈哈、胜利是我的！
Hā ha, shènglì shì wǒ de!
하하하! 승리는 내 것이다!

乌龟： 今天、太阳怎么这么大！
Jīntiān tàiyáng zěnme zhème dà!
거북이 : 오늘 태양이 왜 이렇게 강렬한 거지!

我又累又渴。
Wǒ yòu lèi yòu kě.
힘들고 또 목도 말라.

兔子： 乌龟还没爬到我身边吗？
Wūguī háiméi pádào wǒ shēnbiānma?
토끼 : 거북이가 아직 내 옆까지 오지 못했겠지?

咦、糟了！
Yí, zāo le!
어, 큰일났다!

怎么办？乌龟赢了。
Zěnmebàn Wūguī yíngle.
어떡하지? 거북이가 이겼네.

为什么我会输呢？
Wèi shénme wǒ huì shū ne?
내가 어떻게 질 수가 있지?

새로 나온 단어

跟 gēn ~와 함께
真是 zhēnshì 정말
开玩笑 kāi wánxiào 농담하다
睡一觉 shuì yi jiào (잠을) 한숨 자다
反正 fǎnzhèng 어쨌든
赶不上 gǎnbushàng 쫓아 오지 못하다
胜利 shènglì 승리
太阳 tàiyáng 태양
累 lèi 피곤하다
渴 kě 목마르다
又…又 yòu yòu …하고 또 …하다
身边 shēnbiān 곁에
赢 yíng 이기다
输 shū 지다

중국어 포인트

1) 동사

- 赛跑
  sàipăo
- 开玩笑
  kāi wánxiào
- 赶不上
  gănbushàng
- 睡
  shuì

예문

睡一觉 shuì yi jiào (잠을) 한숨 자다

- 爬 기다
  pá
- 赢 이기다
  yíng
- 输 지다
  shū
- 渴 목마르다
  kě

예문

口渴 kǒukě 갈증 나다

2) 명사

- 身边 곁에
  shēnbiān
- 胜利 승리
  shènglì
- 太阳 태양
  tàiyáng

3) 又…又 yòu…yòu …하고 또 …하다

4) 대명사

- 这么 zhème　이렇게

정도를 나타내는 지시사로 아래의 형태로 쓰인다.

예문

今天怎么这么热?　Jīntiān zěnme zhème rè?　오늘 왜 이렇게 덥지?

5) 그 밖의 어휘들

- 真是 zhēnshi　정말
- 反正 fǎnzhèng　어쨌든
- 真的 zhēnde　정말로, 진짜로
- 哈哈 hā ha　하하(화나거나 기쁠 때의 감탄사)
- 累 lèi　피곤하다, 힘들다
- 还没 háiméi　아직
- 咦 yí　어, 어이구

07주차

읽기 연습

- 我跟乌龟赛跑　wǒ gēn wūguī sàipǎo
- 真是开玩笑　zhēnshì kāi wánxiào
- 我先睡一觉　wǒ xiān shuì yi jiào
- 反正乌龟赶不上的　fǎnzhèng wūguī gǎnbushàngde
- 胜利是我的　shènglì shì wǒde
- 今天太阳怎么这么大　jīntiān tàiyáng zěnme zhème dà
- 我又累又渴　wǒ yòu lèi yòu kě
- 乌龟还没爬到我身边吗　wūguī háiméi pádào wǒ shēnbiān ma
- 乌龟赢了　wūguī yíng le
- 为什么我会输呢　wéi shén me wǒ huì shū ne

작문 연습

A : 내가 거북이와 함께 달리기를 하다니 정말 우습군! 난 먼저 가서 한숨 자야겠다.

어쨌든, 거북이는 따라잡지 못할 테니까!

B : 오늘 태양이 왜 이렇게 강렬한 거지!

힘들고 또 목도 말라.

A : 거북이가 아직 내 옆까지 오지 못했겠지?

어, 큰일났다! 어떡하지? 거북이가 이겼네.

07주차

정답

A: 我跟乌龟赛跑，真是开玩笑!
我先睡一觉，反正乌龟赶不上的!
B: 今天，太阳怎么这么大!
我又累又渴。
A: 乌龟还没爬到我身边吗?
咦，糟了! 怎么办? 乌龟赢了。

간체자 써보기

跟									
开	玩	笑							
睡	觉								
赶									
胜	利								
累									

번체자 익히기

开 ---→ 開

觉 ---→ 覺

胜 ---→ 勝

문제 풀이

1. 다음 단어에 알맞은 발음과 성조를 쓰세요.

(1) 爬
(2) 赢
(3) 输
(4) 口渴

정답 (1) pá (2) yíng (3) shū (4) kǒukě

2. 다음 문장을 보고 옳은 문장은 O표, 틀린 문장에는 X표 하세요.

(1) 나와 거북이는 달리기 시합을 한다. 我要乌龟赛跑。( )
(2) 어쨌든 거북이는 따라잡지 못할 것이다. 反正乌龟赶不上的。( )
(3) 승리는 나의 것이다. 胜利是你的。( )
(4) 오늘 태양이 왜 이렇게 강렬한 거지! 힘들고 또 목도 마르다. 今天太阳怎么这么大！我又累又渴。( )

정답 (1) X (2) O (3) X (4) O

3. 다음 보기에서 알맞은 단어를 골라 아래 문장의 괄호 안에 넣으시오.

[보기] ① 真是 ② 又 ③ 跟 ④ 这么 ⑤ 赶不上

(1) 나는 거북이와 함께 달리기 시합을 합니다. 我( )乌龟赛跑。
(2) 진짜 우습군. ( )开玩笑。
(3) 어쨌든 거북이는 따라잡지 못할 거야. 反正乌龟( )的。
(4) 오늘 태양이 왜 이렇게 강렬한 거지! 今天太阳怎么( )大！
(5) 나는 힘들고 또 목도 마르다. 我( )累( )渴。

정답 (1) ③跟 (2) ①真是 (3) ⑤赶不上 (4) ④这么 (5) ②又 ②又

중국어 기초회화 2

08주차

제13과 在快餐厅 패스트푸드점에서

제14과 在餐厅 식당에서

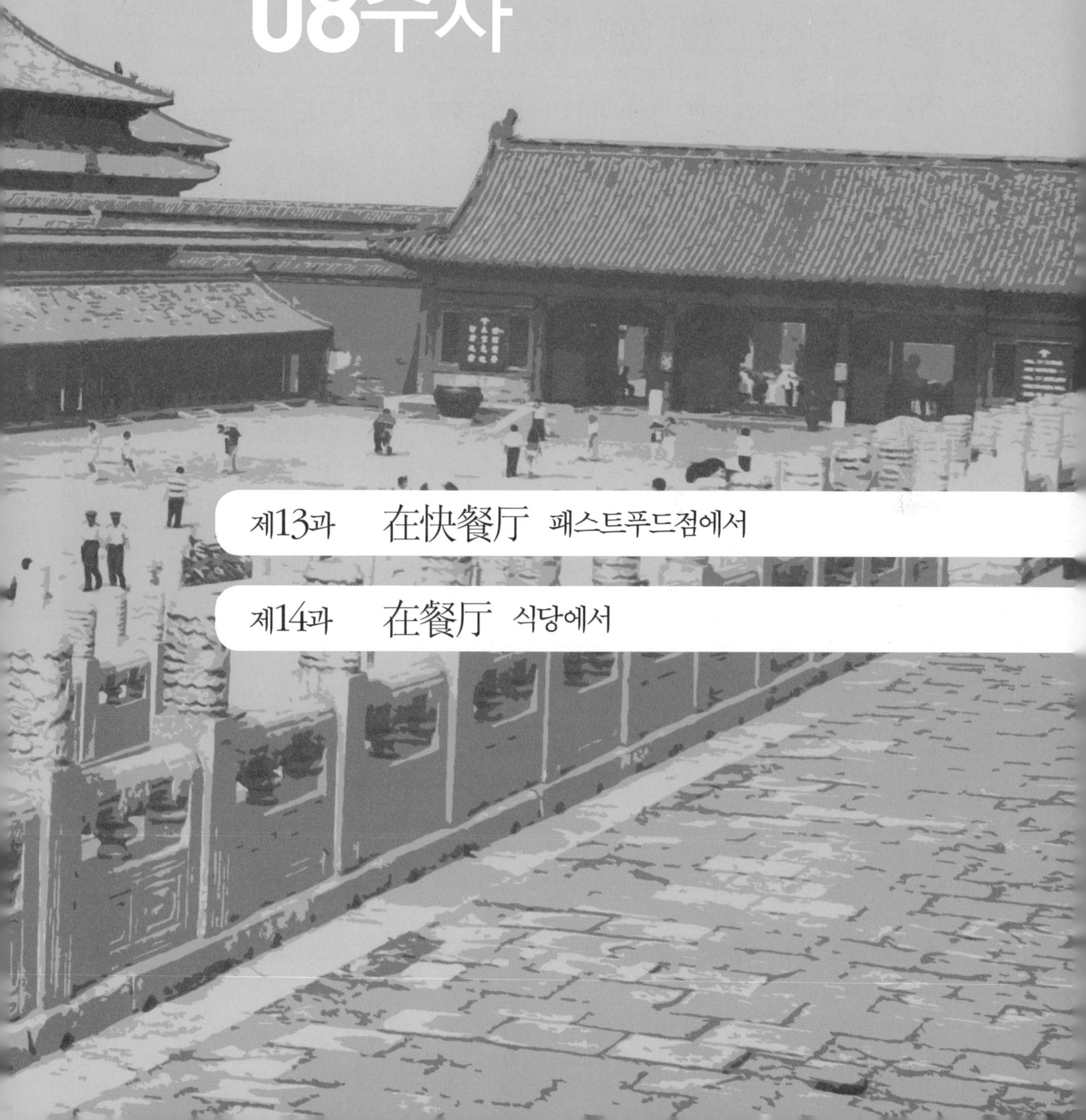

제13과 在快餐厅
패스트푸드점에서

服务员：欢迎光临！请问、你要买什么？
Huānyíng guānglín! Qǐngwèn, nǐ yào mǎi shénme?
직원 : 어서 오십시오! 무엇이 필요하십니까?

莉莉：我要一个汉堡包、一杯可乐、一包炸薯条。
Wǒ yào yí gè hànbǎobāo, yì bēi kělè, yì bāo zhá shǔtiáo
리리 : 햄버거 한 개, 콜라 한 잔, 후렌치 후라이 한 봉지 주세요.

服务员：还要别的吗？
Hái yào bié de ma?
직원 : 더 필요하신 거 있으십니까?

莉莉：再来一个苹果派。
Zài lái yí gè píngguǒ pài.
리리 : 애플파이 하나 더 주세요.

服务员：还有呢？
Háiyǒu ne?
직원 : (필요한 게) 또 있으십니까?

莉莉：没有了。
Méiyǒu le
리리 : 없습니다.

服务员：你要带走还是在这儿吃？
Nǐ yào dàizǒu háishi zài zhèr chī
직원 : 가지고 가시겠습니까? 아니면 여기서 드시겠습니까?

莉莉：带走。请你帮我打包一下。
Dài zǒu. Qǐng nǐ bāng wǒ dǎbāo yíxià
리리 : 가지고 갈 겁니다. 포장해 주세요.

服务员：没问题。
Méi wèntí
직원 : 알겠습니다.

莉莉：谢谢你。多少钱？
Xièxie nǐ. Duōshaoqián?
리리 : 감사합니다. 얼마입니까?

服务员：一共六十三块。
Yígòng liùshí sān kuài.
직원 : 모두 63원입니다.

새로 나온 단어

- 餐厅 cāntīng 음식점
- 快餐 kuàicān 패스트푸드
- 快餐厅 kuàicāntīng 패스트푸드점
- 汉堡包 hànbǎobāo 햄버거
- 可乐 kělè 콜라
- 炸 zhá 튀기다
- 炸薯条 zhá shǔtiáo 후렌치 후라이
- 派 pài 파이
- 苹果派 píngguǒpài 애플파이
- 欢迎光临 huānyíng guānglín 어서오세요
- 没问题 méi wèntí 문제 없다
- 带走 dàizǒu 가지고 가다
- 要 yào ~을 원하다 / 필요하다 / 바라다
- 打包 dǎ bāo 포장하다
- 还 hái 아직, 더
- 还要 hái yào 더 필요하다
- 还是 hái shì 또는, 아니면

중국어 포인트

1) 명칭

- 餐厅 cāntīng 음식점
- 快餐 kuàicān 패스트푸드
- 快餐厅 kuàicāntīng 패스트푸드점

2) 패스트푸드 - 음식명

- 汉堡包 hànbǎobāo 햄버거 = 汉堡 hànbǎo
- 可乐 kělè 콜라 = 可口可乐 kěkǒu kělè 코카콜라
- 炸 zhá 튀기다

  炸薯条 zhá shǔtiáo 후렌치 후라이 = 炸 zhá + 薯条 shǔtiáo
- 派 pài 파이

  苹果 píngguǒ 사과

  苹果派 píngguǒpài 애플파이 = 苹果 píngguǒ + 派 pài

3) 양사

- 一个汉堡包 yí gè hàn bǎo bāo
- 一杯可乐 yì bēi kě lè
- 一包炸薯条 yì bāo zhá shǔ tiáo
- 一个苹果派 yí gè píng guǒ pài

4) 동사, 조동사

- 要 yào　~을 원하다 / 필요하다 / 바라다

S + 要 yào + V + O (형식1)

예문

我要买一个苹果。 Wǒ yào mǎi yí gè píngguǒ.
나는 사과를 하나 사려고 한다. (조동사)

S + 要 yào + O (형식2)

예문

我要一个苹果。 Wǒ yào yí gè píngguǒ.
나는 사과 하나를 원하다. (동사)

- 带走 dàizǒu　가지고 가다
- 打包 dǎ bāo　포장하다

5) 방향을 나타내는 명사

- 欢迎光临 huānyíng guānglín　어서 오십시오
- 没问题 méi wèntí　문제 없다
- 还 hái　아직, 더
- 还要 hái yào　더 필요하다
- 还有 háiyǒu　그리고, 또한
- 还是 háishi　또는, 아니면

예문

还要别的吗?	Hái yào biéde ma?	뭐가 더 필요합니까?
还有别的吗?	Hái yǒu biéde ma?	뭐가 더 있습니까?
这个还是那个?	Zhè gè háishì nà ge?	이것입니까 아니면 저것입니까?

- 再 zài　재차, 다시
- 再来 zàilái　한 번 더 …하다
- 一共…块 yí gòng kuài　모두 …원입니다.

읽기 연습

- 快餐厅　kuàicāntīng
- 欢迎光临　huānyíng guānglín
- 你要买什么　nǐ yào mǎi shénme
- 我要一个汉堡包、一杯可乐、一杯炸薯条
  wǒ yào yí gè hànbǎobāo, yì bēi kělè, yì bēi zhá shǔtiáo
- 还要别的吗　hái yào biéde ma
- 再来一个苹果派　zài lái yí gè píngguǒpài
- 带走还是在这儿吃　dàizǒu háishì zài zhèr chī
- 你要带走还是在这儿吃　nǐ yào dài zǒu háishì zài zhèr chī
- 打包一下　dǎ bāo yíxià
- 帮我打包一下　bāng wǒ dǎ bāo yíxià
- 请你帮我打包一下　qǐng nǐ bāng wǒ dǎ bāo yíxià
- 没问题　méi wèntí

회화 연습

1)

A：你要什么？

B：我要一个汉堡、一杯可乐。

我要一杯可乐、一包炸薯条。

我要一个苹果派、一杯汽水。

2)

A：你要带走还是在这儿吃？

B：我要带走。

A：我要看书还是看报纸？

B：我要看书。/ 我要看报纸。

A：我要一个人去还是和我一起去？

B：我要一个人去。/ 我要和你一起去。

3)

A：还要别的吗？

B：再来一个苹果派。

再来一包炸薯条。

再来一杯可乐。

4)

A：多少钱？

B：一共六十三块。

一共五十八块九毛。

一共一百三十六块六毛。

一共一百二十七块四毛。

작문 연습

A : 어서오세요! 무엇이 필요하십니까?

B : 프렌치 프라이 하나, 햄버거 하나, 콜라 한 잔 주세요.

A : 더 필요한 것 있으십니까?

B : 애플파이 하나 더 주세요.

A : (필요한 게) 또 있으십니까?

B : 없습니다.

A : 여기서 드시겠어요? 아니면 가져가시겠어요?

B : 가져가겠어요. 포장해 주세요.

A : 알았습니다.

B : 모두 얼마입니까?

정답

A: 欢迎光临! 请问、你要买什么?
B: 我要一包炸薯条、一个汉堡包、一杯可乐。
A: 还要别的吗?
B: 再来一个苹果派。
A: 还有呢?
B: 没有了。
A: 你要带走还是在这儿吃?
B: 带走。请你帮我打包一下。
A: 没问题。
B: 一共多少钱?

문제 풀이

1. 다음 단어의 발음과 성조가 옳은 것은?

(1) 餐厅　① cántīng　② chāntīng　③ zàntīng　④ cāntīng
(2) 带走　① dāizòu　② dàizǒu　③ dàizōu　④ dàizuǒ
(3) 打包　① dǎbāo　② dàbāo　③ dàibāo　④ dābāo
(4) 没问题　① méi wèntì　② méi wéntì　③ méi wèntí　④ měi wèntí
(5) 一共　① yígòng　② yìgòng　③ yígōng　④ yígǒng

정답 (1) ②　(2) ②　(3) ①　(4) ③　(5) ①

2. 다음 알맞은 것끼리 짝지어 보세요.

(1) 汉堡包 ●	● ① 콜라
(2) 可乐 ●	● ② 후렌치 후라이
(3) 炸薯条 ●	● ③ 애플파이
(4) 苹果派 ●	● ④ 햄버거

정답 (1) ④　(2) ①　(3) ②　(4) ③

3. 괄호 안에 들어가야할 단어는 무엇입니까?

[보기] 包 / 杯 / 个

(1) 一(　)可乐　(2) 一(　)炸薯条　(3) 一(　)汉堡包　(4) 一(　)苹果派

정답 (1) 杯　(2) 包　(3) 个　(4) 个

4. 다음 문장이 맞으면 (O), 틀리면 (X)를 하시오.

(1) 欢迎光临!　어서 오세요! (　)
(2) 谢谢光临!　안녕히 가세요! (　)
(3) 我还有一个汉堡。　햄버거 하나 더 주세요. (　)
(4) 我还要一杯苹果派。　애플파이 하나 더 주세요. (　)
(5) 带走还要在这儿吃?　가져가시겠어요, 아니면 여기서 드시겠어요? (　)
(6) 再来一包炸薯条。　후렌치 후라이 하나 더 주세요. (　)
(7) 还有没有别的?　다른 것 더 원하시는 것이 있으십니까? (　)

정답 (1) O　(2) O　(3) X　(4) X　(5) X　(6) O　(7) X

제14과 在餐厅
식당에서

服务员: 你们几位?
Nǐmen jǐ wèi?
직원 : 몇 분이십니까?

爸爸: 我们四位。
Wǒmen sì wèi.
아빠 : 네 사람입니다.

服务员: 吸烟不吸烟?
Xīyān bù xīyān?
직원 : 담배를 피우십니까?

爸爸: 我们不吸烟。请问、有没有包房?
Wǒmen bù xīyān. Qǐngwèn, yǒu méiyǒu bāofáng
아빠 : 저희는 담배를 피우지 않습니까? 룸 있습니까?

服务员: 有。这边请。
Yǒu Zhè biān qǐng
직원 : 이쪽으로 오세요.

(자리에 앉다)

服务员: 你们要喝什么茶?
Nǐmen yào hē shénme chá?
직원 : 무슨 차를 드시겠습니까?

爸爸: 你们有什么茶?
Nǐmen yǒu shénme chá?
아빠 : 무슨 차가 있습니까?

服务员: 有菊花、龙井、乌龙、铁观音。
Yǒu júhuā lóngjǐng wūlóng tiěguānyīn
직원 : 국화차, 용정차, 우롱차, 관음차가 있습니다.

爸爸: 来点儿龙井。
Lái diǎr lóngjǐng.
아빠 : 용정차로 주세요.

服务员: 你们现在点菜吗? 这里有菜单。
Nǐmen xiànzài diǎn cài ma Zhè lǐ yǒu càidān
직원 : 지금 주문을 하시겠습니까? 여기 메뉴판이 있습니다.

我们家是四川风味。
Wǒmen jiā shì Sìchuān fēngwèi.
저희 집(음식)은 사천 풍(사천 식)입니다.

爸爸: 那么、先来一盘麻婆豆腐、鱼香肉丝、
Nàme xiān lái yì pán mápó dòufǔ yúxiāng ròusī
宫爆鸡丁、再来一道蔬菜。
gōngbào jīdīng zài lái yí dào shūcài.
아빠 : 그럼 먼저 마포더우푸(마파두부), 위상러우스, 궁바오지딩 한 접시씩 가져다 주시고, 그 다음 야채요리 하나 가져다 주세요.

새로 나온 단어

- 服务员 fúwùyuán (식당, 상점, 호텔, 패스트푸드점 등에서 서비스직종에 종사하는) 직원
- 位 wèi 분 / 사람에 대한 양사
- 吸烟 xīyān 담배를 피다
- 包房 bāofáng room
- 菊花茶 júhuā chá 국화차
- 龙井茶 lóngjǐng chá 용정차
- 乌龙茶 wūlóng chá 우롱차
- 铁观音茶 tiěguānyīn chá 관음차
- 点菜 diǎncài (음식을) 주문하다
- 菜单 càidān 메뉴판
- 四川 Sìchuān 사천(지명)
- 风味 fēngwèi 맛
- 盘 pán 접시
- 道 dào 요리에 대한 양사
- 先来一点…, 再来… xiān lái yì diǎn zài lái 먼저 …부터 가져온 후 다시 … 가져오다
- 麻婆豆腐 mápó dòufǔ 마파더우푸(마파두부)
- 鱼香肉丝 yúxiāng ròusī 위샹러우스(돼지고기 채와 죽순채를 넣어 볶은 것으로 매콤하고 짭짤한 맛이 나는 음식)
- 宫爆鸡丁 gōngbào jīdīng 궁바오지딩
- 蔬菜 shūcài 야채

중국어 포인트

1) 차 茶 chá

- 菊花茶 (júhuā chá) 국화차(국화차는 국화잎을 말려 차로 만든 것으로 감기 예방에 좋고 향기가 매우 좋다)
- 龙井茶 (lóngjǐng chá) 용정차(용정차는 상해 부근의 항주에서 많은 차로 중국에서 매우 유명한 차이다)
- 乌龙茶 (wūlóng chá) 우롱차
- 铁观音茶 (tiěguānyīn chá) 관음차

2) 음식 菜 cài

- 麻婆豆腐 (mápó dòufǔ) 마포더우푸(마파두부)
- 鱼香肉丝 (yúxiāng ròusī) 위샹러우스
(돼지고기채와 죽순채를 넣어 볶은 것으로 매콤하고 짭짤한 맛이 나는 음식)
- 宫爆鸡丁 (gōngbào jīdīng) 궁바오지딩
(닭고기를 땅콩 크기로 썰어 땅콩과 함께 요리한 음식으로 매콤 달콤한 맛이 남)

3) 명사

- 蔬菜 (shū cài) 야채
- 包房 (bāo fáng) = 包间 (bāo jiān) room

예 문

有没有包房? Yǒu méiyǒu bāofáng?

- 服务员 (fúwùyuán) 식당이나 상점, 호텔, 패스트푸드점 등에서 서비스 직종에 종사하는 직원을 칭함
- 菜单 (càidān) 메뉴판
- 四川 (Sìchuān) 사천(지명)

• 风味 fēngwèi　　맛

예문

我们这里是四川风味。 Wǒmen zhè lǐ shì Sìchuān fēngwèi.
저희(음식)은 사천 풍(사천 식)입니다.
这道菜合口味。 Zhè dào cài hé kǒuwèi. 이 음식은 입맛에 맞다.

4) 양사

• 位 wèi　　분 / 사람에 대한 양사

예문

我们这里有三位。 Wǒmen zhèlǐ yǒu sān wèi.

• 盘 pán = 道 dào　　접시 / 요리에 대한 양사

예문

一盘菜	yì pán cài	요리 한 접시
一道菜	yí dào cài	한 가지 요리

5) 동사

• 吸烟 xī yān　　담배를 피다

• 点菜 diǎn cài　　(음식을) 주문하다

6) 관용표현

• 先来一点…再来… xiān lái yidiǎn zài lái　　먼저 …부터 가져온 후 다시 … 가져오다

읽기 연습

- 你们几位　nǐmen jǐ wèi
- 我们四位　wǒmen sì wèi
- 吸烟不吸烟　xīyān bù xīyān
- 有没有包房　yǒu méiyǒu bāofáng
- 这边请　zhè biān qǐng
- 你们要喝什么茶　nǐmen yào hē shénme chá
- 你们有什么茶　nǐmen yǒu shénme chá
- 有菊花、龙井、乌龙、铁观音
  yǒu júhuā, lóngjǐng, wūlóng, tiěguānyīn
- 现在点菜吗　xiànzài diǎn cài ma
- 这里有菜单　zhèli yǒu càidān
- 我们家是四川风味　wǒmen jiā shì Sìchuān fēngwèi
- 先来一盘麻婆豆腐、再来一道蔬菜
  xiān lái yì pán mápó dòufǔ, zài lái yí dào shūcài
- 先来一盘麻婆豆腐、鱼香肉丝、宫爆鸡丁、再来一到蔬菜
  xiān lái yì pán mápó dòufǔ, yúxiāng ròusī, gōngbào jīdīng, zài lái yí dào shūcài

08주차

회화 연습

1)

A：吸烟不吸烟?

B：吸烟。

不吸烟。

2)

A：你们要喝什么茶?

B：我们要喝菊花茶。

我们要喝龙井茶。

我们要喝乌龙茶。

我们要喝铁观音。

3)

A：你点什么了?

B：我点了一道蔬菜。

我点了一道麻婆豆腐。

我点了一道宫爆鸡丁。

4)

A：你要点什么?

B：先点一个肉、再点一个蔬菜。

先点一道麻婆豆腐，再点一道宫爆鸡丁。

先来一点菜、再来一点茶。

先来一点菜、再来一点水果。

작문 연습

A : 몇 분이시죠?

B : 네 사람입니다. 룸 있습니까?

A : 있습니다. 이쪽으로 오세요.

(자리에 앉다)

A : 무슨 차를 드시겠습니까?

B : 국화차 있습니까?

A : 국화차는 없고 우롱차가 있습니다.

B : 우롱차로 주세요.

A : 지금 주문하시겠습니까?

B : 메뉴판 주세요. 사천식(요리)네요. 우선 마파두부 한 접시하고, 야채요리 하나 주세요.

정답

A: 你们几位?
B: 我们四位。请问、有没有包房?
A: 有。这边请。

(자리에 앉다)
A: 你们要喝什么茶?
B: 你们有菊花茶吗?
A: 我们这儿没有菊花茶、有乌龙茶。
B: 来点儿乌龙。
A: 你们现在点菜吗?
B: 给我们菜单吧。你们家是四川风味。
那么、一盘麻婆豆腐、再来一道蔬菜。

간체자 써보기

吸	烟								
服	务	员							
龙	井								
乌	龙								
铁	观	音							
点	菜								
菜	单								
风	味								
鱼	香	肉	丝						
宫	爆	爆	丁						

08주차

번체자 익히기

烟 ---→ 煙		务 ---→ 務	
员 ---→ 員		龙 ---→ 龍	
乌 ---→ 烏		铁 ---→ 鐵	
观 ---→ 觀		点 ---→ 點	
单 ---→ 單		风 ---→ 風	
丝 ---→ 絲		鸡 ---→ 雞	

문제 풀이

1. 다음 단어와 성조가 맞는 것끼리 짝지어진 것을 모두 고르시오.

① 包房 pāofáng　　② 吸烟 xīyān　　③ 蔬菜 shūcài
④ 菜单 qīngdān　　⑤ 风味 fēngwèi

정답 ② ③ ⑤

2. 다음 중국어 문장의 빈 칸에 알맞은 단어로 짝지어진 것은?

(1) 你们(　　)?
(2) 我(　　)了一道蔬菜。
(3) 来(　　)麻婆豆腐、鱼香肉丝。
(4) 你们现在(　　)吗?
(5) (　　)一盘麻婆豆腐、鱼香肉丝、宫爆鸡丁、(　　)一到蔬菜。

① 几位 - 有 - 点 - 一盘 - 点菜 - 菜单
② 几位 - 有 - 点 - 点菜 - 菜单 - 再来
③ 点 - 有 - 点菜 - 一盘 - 再来 - 先来
④ 几位 - 点 - 一盘 - 点菜 - 先来 - 再来

정답 ④

08주차

중국어 기초회화 2

09주차

제15과 天气 날씨

제16과 天气怎么样? 날씨가 어떻습니까?

제15과 天气
날씨

小明: 今天很热。美善、你们韩国的天气怎么样？
Jīntiān hěn rè. Měishàn nǐmen Hánguó de tiānqì zěnmeyàng?
샤오밍 : 오늘 날씨는 정말 덥다. 미선아! 한국의 날씨는 어떠니?

美善: 四季分明、有春天、夏天、秋天和冬天。
Sìjì fēnmíng yǒu chūntiān xiàtiān qiūtiān hé dōngtiān
미선 : 봄, 여름, 가을, 겨울이 있어 사계절이 뚜렷하지.

春天的天气很暖和、是开花的季节。
Chūntiān de tiānqì hěn nuǎnhuo shì kāihuā de jìjié
봄 날씨는 매우 따뜻해, 꽃 피는 계절이야.

小明: 你们的夏天也这么热吗？
Nǐmen de xiàtiān yě zhème rè ma?
샤오밍 : 너희(한국의) 여름도 이렇게 덥니?

美善: 我们夏天也很热、常常下雨。
Wǒmen xiàtiān yě hěn rè, chángcháng xià yǔ
미선 : 우리(한국의) 여름도 정말 더워, 종종 비가 와.

可是秋天不冷也不热、很凉快。
Kěshì qiūtiān bú lěng yě bú rè hěn liángkuài
하지만, 가을은 춥지도 덥지도 않아, 정말 시원하지.

小明: 那么、冬天呢？
Nàme dōngtiān ne?
샤오밍 : 그럼, 겨울은?

美善: 冬天很冷、会下雪。
Dōngtiān hěn lěng, huì xià xuě.
미선 : 겨울은 정말 추워, 눈이 내리기도 해.

새로 나온 단어

- 天气 tiānqì 날씨
- 季节 jìjié 계절
- 雨 yǔ 비
- 雪 xuě 눈
- 春天 chūntiān 봄
- 夏天 xiàtiān 여름
- 秋天 qiūtiān 가을
- 冬天 dōngtiān 겨울
- 暖和 nuǎnhuo 따뜻하다
- 热 rè 덥다
- 凉快 liángkuài 서늘하다
- 冷 lěng 춥다
- 四季分明 sìjì fēnmíng 사계절이 분명하다
- 开花 kāihuā 꽃이 피다
- 下雨 xià yǔ 비가 오다
- 下雪 xià xuě 눈이 내리다
- 常常 chángcháng 자주, 항상
- 可是 kěshì 그러나(복합문에 사용)

중국어 포인트

1) 날씨 관련 명사

- 天气 (tiānqì) 날씨
- 季节 (jiié) 계절
- 雨 (yǔ) 비
- 雪 (xuě) 눈

2) 계절

- 春天 (chūntiān) 봄
- 夏天 (xiàtiān) 여름
- 秋天 (qiūtiān) 가을
- 冬天 (dōngtiān) 겨울

3) 계절의 특징

- 春天 (chūntiān) – 暖和 (nuǎnhuo) 따뜻하다
  开花的季节 (kāihuā de jiié)
- 夏天 (xiàtiān) – 热 (rè) 덥다
  常 常 下雨 (chángcháng xià yǔ)
- 秋天 (qiūtiān) – 凉快 (liángkuài) 서늘하다
  不冷也不热 (bù lěng yě bú rè)
- 冬天 (dōngtiān) – 冷 (lěng) 춥다
  下雪 (xià xuě)

09주차

4) 관용어

- 四季分明 sìjì fēnmíng — 사계절이 분명하다

5) 동사 + 목적어

- 开花 kāihuā — 꽃이 피다
- 下雨 xià yǔ — 비가 오다
- 下雪 xià xuě — 눈이 내리다

6) 부사

- 常常 chángcháng — 자주, 항상

7) 접속사

- 可是 kěshì — 그러나 (복합문에 사용됨)

읽기 연습

• 天气	tiānqì
• 今天很热	jīntiān hěn rè
• 韩国的天气怎么样	Hánguó de tiānqì zěnmeyàng
• 四季分明	sìjì fēnmíng
• 春天的天气很暖和	chūntiān de tiānqì hěn nuǎnhuo
• 是开花的季节	shì kāihuā de jìjié
• 夏天也这么热吗?	xiàtiān yě zhème rè ma?
• 夏天也很热	xiàtiān yě hěn rè
• 常常下雨	chángcháng xià yǔ
• 可是秋天不冷也不热	kěshì qiūtiān bù lěng yě bú rè
• 很凉快	hěn liángkuài
• 冬天很冷	dōngtiān hěn lěng
• 会下雪	huì xià xuě

회화 연습

1)

A：今天的天气怎么样?

B：今天的天气很热。

今天的天气很凉快。

今天的天气很冷。

今天的天气很暖和。

2)

A：春天的天气怎么样?

B：春天的天气很暖和。

A：夏天的天气怎么样?

B：夏天的天气很热。

A：秋天的天气怎么样?

B：秋天的天气很凉快。

A：冬天的天气怎么样?

B：冬天的天气很冷。

작문 연습

A : 한국의 날씨는 어떻습니까?

B : 사계절이 분명합니다.

A : 봄 날씨는 어떻습니까?

B : 봄 날씨는 따뜻하고 꽃 피는 계절입니다.

A : 그렇습니까? 중국의 봄은 따뜻하지만 비가 자주 옵니다. 여름 날씨는 어떻습니까?

B : 여름 날씨는 매우 덥고 비가 자주 내립니다.

A : 가을은 어떻습니까?

B : 가을은 춥지도 덥지도 않고 매우 서늘합니다.

A : 그럼, 겨울은요?

B : 겨울은 매우 춥고, 눈이 내리기도 합니다.

정답

A: 韩国的天气怎么样?
B: 四季分明。
A: 春天的天气怎么样?
B: 春天的天气很暖和、是开花的季节。
A: 是吗? 中国的春天很暖和、可是常常下雨。夏天的天气怎么样?
B: 夏天的天气很热、常常下雨。
A: 秋天怎么样?
B: 秋天不冷不热、很凉快。
A: 那么冬天呢?
B: 冬天很冷、会下雪。

간체자 써보기

气									
热									
春									
夏									
秋									
冬									
暖	和								
开	花								
季	节								

번체자 익히기

气 ---> 氣

热 ---> 熱

开 ---> 開

节 ---> 節

문제 풀이

1. 다음 단어의 발음으로 맞는 것은?

(1) 天气 ① tiánqì ② tiānqì ③ tiānqī ④ tiānqǐ
(2) 韩国 ① Hànguó ② Hánguó ③ Hángguó ④ Hánguǒ
(3) 暖和 ① nuǎnhuò ② nuǎnhuo ③ luǎnhuo ④ ruǎnhē
(4) 凉快 ① niàngkuài ② liàngkuài ③ niángkuài ④ liángkuài
(5) 季节 ① jìjié ② jíjiē ③ jìjiē ④ jiéjì
(6) 开花 ① kǎihuà ② kāihuà ③ kāihuā ④ kǎihuá

정답 (1) ② (2) ② (3) ② (4) ④ (5) ① (6) ②

2. 다음 보기를 보고 중국어 단어에 해당하는 옳은 번호를 적으시오.

[보기] ① 가을 ② 계절 ③ 봄 ④ 겨울 ⑤ 여름 ⑥ 날씨

(1) 春天 (2) 夏天 (3) 天气 (4) 秋天 (5) 季节 (6) 冬天

정답 (1) ③ 봄 (2) ⑤ 여름 (3) ⑥ 날씨 (4) ① 가을 (5) ② 계절 (6) ④ 겨울

3. 다음 중국어와 해석을 참고로 괄호 안에 알맞은 형용사를 보기에서 고르시오.

[보기] ① 凉快 ② 热 ③ 冷 ④ 暖和

(1) 春天(　　) 봄은 따뜻합니다.　　(2) 秋天(　　) 가을은 시원합니다.
(3) 冬天(　　) 겨울은 춥습니다.　　(4) 夏天(　　) 여름은 덥습니다.

정답 (1) ④暖和 (2) ①凉快 (3) ③冷 (4) ②热

4. 다음 문장 중에 맞는 문장에 (O)를, 틀린 문장에는 (X)를 쓰시오.

(1) 秋天是开花的季节。(　　)　　(2) 夏天很凉快。(　　)
(3) 冬天下雪。(　　)　　(4) 冬天不冷也不热。(　　)
(5) 春天暖和。(　　)

정답 (1) X (2) X (3) O (4) X (5) O

09주차

제16과 天气怎么样?

날씨가 어떻습니까?

莉莉: 妈妈！今天的天气怎么样？
Māmā! Jīntiān de tiānqì zěnmeyàng?
리리 : 엄마! 오늘 날씨 어때요?

妈妈: 今天是阴天。
Jīntiān shì yīntiān.
엄마 : 오늘 날씨가 흐리구나.

听说、今天下午要下雨、带着雨伞出去吧。
Tīngshuō, jīntiān xiàwǔ yào xiàyǔ, dài zhe yǔsǎn chū qù ba.
듣자니, 오늘 오후에 비가 온단다, 우산 가지고 나가거라.

莉莉: 现在刮风不刮风？
Xiàn zài guā fēng bù guā fēng?
리리 : 지금 바람 불어요, 안 불어요?

妈妈: 现在有一点风。
Xiànzài yǒu yì diǎnfēng.
엄마 : 지금 바람이 조금 분다.

莉莉: 明天的天气怎么样？
Míngtiān de tiānqì zěnmeyàng?
리리 : 내일 날씨는 어떻대요?

妈妈: 听说、明天早上下雨、打闪、打雷、
Tīngshuō, míngtiān zǎoshàng xià yǔ, dǎ shǎn dǎléi
可是下午会转晴。
kěshì xiàwǔ huì zhuǎnqíng.
엄마 : 듣자 하니, 내일 아침에는 비가 오고 번개와 천둥도 친대.
하지만 오후에 갠다는구나.

莉莉: 后天呢？
Hòutiān ne?
리리 : 모레는요?

妈妈: 后天是晴天。
Hòutiān shì qíngtiān.
엄마 : 모레는 맑단다.

莉莉: 太好了、后天我们一块儿去 逛 街吧。
Tài hǎo le hòutiān wǒmen yíkuàr qù guàng jiē ba.
리리 : 정말 잘 됐어요, 모레 우리 함께 쇼핑 가요!

새로 나온 단어

- 阴天 (yīntiān) 흐린 날
- 听说 (tīng shuō) 듣자 하니, 듣건대
- 上午 (shàngwǔ) 오전
- 下午 (xiàwǔ) 오후
- 带 (dài) 휴대하다 / 지니다
- 雨伞 (yǔsǎn) 우산
- 出去 (chū qù) (안에서 밖으로) 나가다 / 외출하다
- 风 (fēng) 바람
- 刮风 (guā fēng) 바람이 불다
- 打闪 (dǎ shǎn) 번개가 치다
- 打雷 (dǎ léi) 천둥이 치다
- 转晴 (zhuǎnqíng) (날씨가)개다 / 맑아지다
- 晴天 (qíngtiān) 맑은 날
- 太好了 (tài hǎo le) 정말 좋다
- 逛 (guàng) 한가로이 거닐다
- 街 (jiē) 거리

중국어 포인트

1) 날씨

- 阴天 yīntiān — 흐린 날
- 晴天 qíngtiān — 맑은 날
- 刮风 guā fēng — 바람이 불다
- 下雨 xià yŭ — 비가 오다
- 打闪 dă shăn — 번개가 치다
- 打雷 dă léi — 천둥이 치다

2) 명사

- 风 fēng — 바람
- 雨伞 yŭsăn — 우산
- 街 jiē — 거리
- 上午 shàngwŭ — 오전
- 下午 xiàwŭ — 오후

3) 동사

- 带 dài — 휴대하다 / 지니다
- 逛 guàng — 한가로이 거닐다
- 出去 chū qù — (안에서 밖으로) 나가다 / 외출하다

4) 기타 단어 및 표현

- 太好了 tài hăo le — 정말 좋다
- 听说 tīng shuō — 듣자 하니, 듣건대
- 转晴 zhuănqíng — (날씨가)개다 / 맑아지다

읽기 연습

- 今天是阴天 jīntiān shì yīntiān
- 听说 今天下午要下雨 tīng shuō jīntiān xiàwǔ yào xià yǔ
- 带着雨伞出去吧 dài zhe yǔsǎn chū qù ba
- 现在刮风不刮风 xiàn zài guā fēng bù guā fēng
- 现在有一点风 xiàn zài yǒu yī diǎn fēng
- 明天天气怎么样 míngtiān tiānqì zěnmeyàng
- 明天早上下雨 打闪 打雷 míngtiān zǎoshàng xià yǔ dǎ shǎn dǎ léi
- 下午会转晴 xiàwǔ huì zhuǎnqíng
- 可是下午会转晴 kěshì xià wǔ huì zhuǎnqíng
- 后天是晴天 hòutiān shì qíngtiān
- 一块儿去逛街吧 yíkuàr qù guàngjiē ba
- 后天我们一块儿去逛街吧 hòutiān wǒmen yíkuàr qù guàngjiē ba

회화 연습

1)

A：今天的天气怎么样?

B：今天是阴天。

今天是晴天。

今天下雨。

今天下雪。

今天刮风。

今天打闪、打雷。

2)

A：今天下午的天气怎么样?

B：今天下午会转晴。

今天下午会转阴。

今天下午会下雨。

今天下午会下雪。

3)

A：现在下不下雨？
B：现在不下雨、可是看下午会下雨。

A：现在刮不刮风？
B：现在不刮风、可是下午会刮风。

A：现在下不下雪？
B：现在不下雪、可是看下午会下雪。

A：现在打不打雷？
B：现在不打雷、可是下午会打雷。

4)

A：带着雨伞出去吧！
拿着书走吧！
听着音乐走吧！
说着话走吧！
走着逛街吧！

작문 연습

A : 오늘 날씨가 흐리네.

B : 오후에는 비가 온대요.

A : 나가야 되는데 지금 바람 부니?

B : 지금은 바람이 불지 않아요.

오후에 비가 오니까 우산 가지고 나가세요.

오후에 천둥도 치고 번개도 친대요.

A : 내일 날씨는 어떻다니?

B : 듣자 하니 내일은 오전에 비가 오지만, 오후에는 (날씨가)갤 거래요.

A : 그럼 내일 오후에 같이 쇼핑 가자.

B : 너무 좋아요!

정답

A: 今天是阴天。
B: 今天下午要下雨。
A: 我要出去、现在刮风不刮风?
B: 现在不刮风。
下午会下雨、你带着雨伞出去吧。
下午会打闪、打雷。
A: 明天的天气怎么样?
B: 听说、明天早上要下雨,
可是下午会转晴。
A: 那么、明天下午我们一块去逛街吧。
B: 太好了!

간체자 써보기

阴									
带									
着									
伞									
闪									
雷									
转									
晴									

번체자 익히기

阴 ---> 陰

带 ---> 帶

闪 ---> 閃

伞 ---> 傘

转 ---> 轉

문제 풀이

1. 다음 단어와 성조가 잘 짝지어진 번호를 모두 고르시오.

① 打雷 - dǎléi　　② 阴天 - qíngtiān
③ 打闪 - dǎshǎn　　④ 逛街 - guàngjié

정답 ① ③

2. 해석을 참고로 다음 괄호 안에 들어갈 한자로 올바른 것을 고르시오.

(1) 흐린 날　(　　) 天
① 阴　② 隐　③ 荫　④ 银

(2) 바람이 불다　(　　) 风
① 剐　② 栝　③ 刮　④ 聒

(3) 맑은 날　(　　) 天
① 请　② 情　③ 晴　④ 青

(4) 천둥이 치다　打 (　　)
① 蕾　② 雷　③ 擂　④ 镭

정답 (1) ①　(2) ③　(3) ③　(4) ②

3. 다음 문장을 보고 맞으면 O, 틀리면 X를 적으시오.

(1) 오늘 날씨는 어떻습니까?　- 天气怎么样?　(　)
(2) 내일 아침에 비가 올 겁니다.　- 明天早上会下雨。　(　)
(3) 우리 함께 쇼핑 갑시다.　- 我们一块去逛街吧。　(　)
(4) 오후에 (날씨가) 개일 것입니다.　- 下午会转阴。　(　)

정답 (1) X　(2) O　(3) O　(4) X

중국어 기초회화 2

10주차

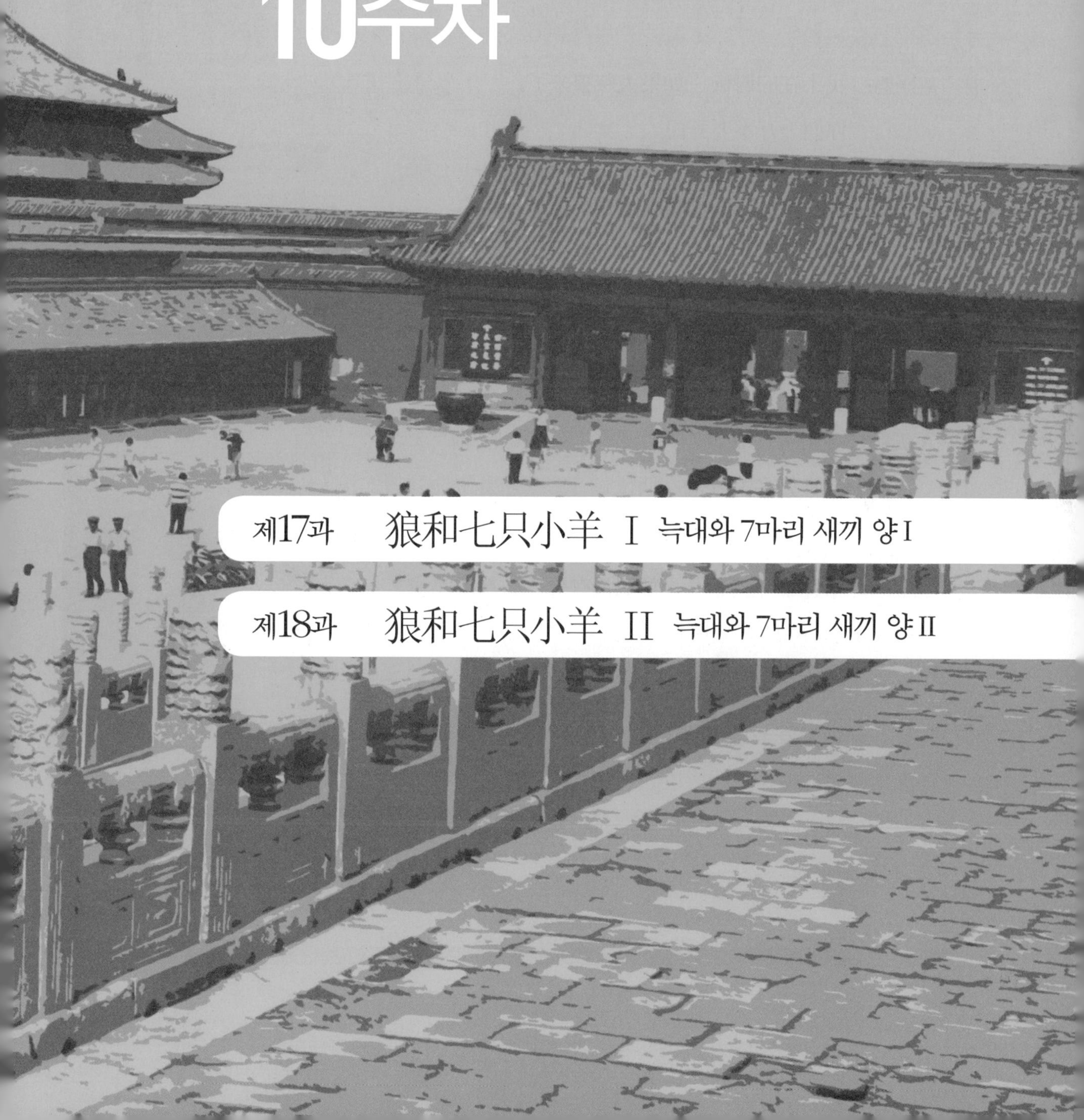

제17과 狼和七只小羊 Ⅰ 늑대와 7마리 새끼 양 Ⅰ

제18과 狼和七只小羊 Ⅱ 늑대와 7마리 새끼 양 Ⅱ

제17과 狼和七只小羊 I
늑대와 7마리 새끼 양 I

羊妈妈: 我不在的时候、如果大灰狼来了，
Wǒ búzàide shíhou, rúguǒ dàhuīláng láile
你们千万不要开门。
nǐmen qiānwàn búyào kāimén.
엄마 양 : 엄마 없을 때, 만약 늑대가 오면, 너희들은 절대로 문을 열어서는 안 된다.

大灰狼的嗓子是粗粗的、爪子是黑黑的。
Dàhuīláng de sǎngzi shì cūcūde zhuǎzi shì hēihēide
늑대 목소리는 굵고, 발톱은 새까맣단다.

小羊们: 别担心、妈妈、我们会小心的。
Bié dānxīn māma wǒ men huì xiǎoxīn de
새끼 양 : 걱정 마세요, 엄마, 저희가 조심할게요.

(咚咚)
dōngdōng
(똑똑)

大灰狼: 小山羊乖乖、妈妈回来了、
Xiǎoshānyáng guāiguāi māma huílái le
带来好多好吃的东西。
dài lái hǎoduō hǎochī de dōngxi.
늑대 : 새끼 양들아 착하기도 하지, 엄마가 왔단다,
맛있는 것들을 많이 가지고 왔단다.

小羊: 不开不开就不开、妈妈没有你这么粗的嗓音。
Bùkāi bùkāi jiù bùkāi, māma méiyǒu nǐ zhème cūde sǎngyīn
새끼 양 : 열지 않을 거예요, 열지 않을 거예요.
엄마는 당신처럼 이렇게 굵은 목소리가 아니에요.

大灰狼: 小山羊乖乖、妈妈回来了、
Xiǎoshānyáng guāiguāi māma huílái le
带来好多好吃的东西。
dài lái hǎoduō hǎochīde dōngxi
늑대 : 새끼 양들아 착하기도 하지, 엄마가 왔단다,
맛있는 것들을 많이 가지고 왔단다.

小羊: 不开不开就不开、妈妈没有你这么黑的爪子。
Bùkāi bùkāi jiù bùkāi māma méiyǒu nǐ zhème hēi de zhuǎzi
새끼 양 : 열지 않을 거예요, 열지 않을 거예요.
엄마는 당신처럼 이렇게 까만 발이 아니에요.

새로 나온 단어

- 大灰狼 dàhuīláng 늑대
- 小山羊 xiǎoshānyáng 새끼산양
- 羊妈妈 yáng māma 엄마 양
- 嗓音 sǎngyīn 목소리
- 爪子 zhuǎzi 발(짐승의 발)
- 担心 dānxīn 염려하다
- 粗 cū 굵다
- 黑 hēi 검다
- 小心 xiǎoxīn 조심하다
- 乖 guāi 착하다
- 如果 rúguǒ 만약
- 千万 qiānwàn 절대로, 제발
- 带来 dài lái 가져오다
- 好吃的东西 hǎochīde dōngxi 맛있는 것

중국어 포인트

1) 동화 속의 인물

- 大灰狼 dàhuīláng 늑대
- 小山羊 xiǎoshānyáng 새끼산양
- 羊妈妈 yáng māma 엄마 양

2) 명사

- 时候 shíhou 때
- 嗓音 sǎngyīn 목소리

예문

粗的嗓音 cūde sǎngyīn 굵은 목소리

- 爪子 zhuǎzi 발(짐승의 발)

예문

黑的爪子 hēi de zhuǎzi 검은 발

3) 형용사

- 担心 dānxīn 염려하다
- 粗 cū 굵다
- 黑 hēi 검다
- 小心 xiǎoxīn 조심하다
- 乖 guāi 착하다

4) 접속사

- 如果　　만약

TIP

如果…的话 rú guǒ…de huà는 가정을 나타내는 표현으로 '만약…라면'이란 뜻이다. 일반적으로 앞 절에 쓰이며 뒷 절에는 就, 那등이 호응해서 가정한 내용에 대한 추론 등이 나온다. 이 때 如果는 생략할 수 있다.

예 문

如果他来的话、你就给我打电话。
Rúguǒ tā láide huà, nǐ jiù gěi wǒ dǎ diànhuà.
만약 그가 오면, 저에게 바로 전화해 주세요.

如果你不去、我跟谁去呢?
Rúguǒ nǐ bú qù, wǒ gēn shéi qù ne?
만약 당신이 가지 않으면 저는 누구와 가죠?

5) 기타 단어와 표현

- 不要 búyào = 别 bié　　…하지 마라

예 문

不要吃 búyào chī 검은 발 = 别吃 bié chī

- 千万 qiānwàn　　절대로, 제발
- 带来 dài lái　　가져오다
- 好多 hǎoduō　　많은
- 就 jiù　　바로

• 好吃的东西 맛있는 것
hǎochī de dōngxi

TIP

好吃的东西 东西好吃	粗的嗓子 嗓子粗	黑的爪子 爪子黑
형용사 + 명사 명사 + 형용사	형용사 + 명사 명사 + 형용사	형용사 + 명사 명사 + 형용사
맛있는 것(음식) 음식이 맛있다	굵은 목소리 목소리가 굵다	검은 발 발이 검다

읽기 연습

• 大灰狼来了 dàhuīláng láile

• 你们千万不要开门 nǐmen qiānwàn búyào kāimén

• 嗓音是粗粗的 sǎngyīn shì cūcūde

• 爪子是黑黑的 zhuǎzi shì hēihēide

• 别担心 bié dānxīn

• 你们会小心的 wǒ men huì xiǎoxīn de

• 小山羊乖乖 xiǎoshānyáng guāiguāi

• 好多好吃的东西 hǎoduō hǎochī de dōngxi

• 带来好多好吃的东西 dài lái hǎoduō hǎochī de dōngxi

• 妈妈没有你这么粗的嗓音
māma méiyǒu nǐ zhème cūde sǎngyīn

• 妈妈没有你这么黑的爪子
māma méiyǒu nǐ zhème hēi de zhuǎzi

작문 연습

A: 엄마가 올 때 맛있는 것을 많이 가져올게.

늑대가 오면 절대 문을 열지 마라.

B: 엄마, 걱정 마세요. 저희가 조심할게요.

A: 늑대의 목소리는 굵고, 발은 새까맣다.

엄마가 없을 때는 절대 문을 열어서는 안 된다.

B: 늑대는 엄마처럼 이렇게 아름다운 목소리가 아니에요.

엄마는 늑대처럼 이렇게 검은 발이 아니에요.

정답

A: 妈妈回来的时候、会带来好多好吃的东西。
大灰狼来了、千万不要开门。
B: 妈妈，别担心。我们会小心的。
A: 大灰狼的嗓音是粗粗的、爪子是黑黑的。
妈妈不在的时候、千万不要开门。
B: 大灰狼没有妈妈那么漂亮的嗓音。
妈妈没有大灰狼那么黑黑的爪子。

간체자 써보기

粗									
嗓									
爪									
狼									
乖									
担									

번체자 익히기

担 ----> 擔

10주차

문제 풀이

1. 다음 괄호 안에 들어갈 단어들을 고르시오.

[보기] 黑黑 / 千万 / 乖乖 / 如果 / 担心 / 好吃 / 小心 / 嗓音

我不在的时候，(1) (　　　) 大灰狼来了、你们 (2) (　　　) 不要开门、大灰狼的 (3) (　　　) 是粗粗的、爪子是 (4) (　　　) 的。
别 (5) (　　　)、妈妈、我们会 (6) (　　　) 的。
小山羊 (7) (　　　)、妈妈回来了、带来好多 (8) (　　　) 的东西。
엄마 없을 때, 만약 늑대가 오면, 너희들은 절대로 문을 열어서는 안 된다.
늑대 목소리는 굵고, 발톱은 새까맣단다.
걱정 마세요, 엄마, 저희가 조심할게요.
새끼 양들아 착하기도 하지, 엄마가 왔단다, 맛있는 것들을 많이 가지고 왔단다.

정답 (1) 如果 (2) 千万 (3) 嗓音 (4) 黑黑 (5) 担心 (6) 小心 (7) 乖乖 (8) 好吃

2. 다음 단어의 발음이 맞는 것은?

(1) 时候	① shìhòu	② shíhou	③ shíhuò	④ shìhuo
(2) 爪子	① zhuǎzì	② zhuǎzǐ	③ zhuōzì	④ zhuǎzi
(3) 粗	① cū	② chū	③ chuò	④ cù
(4) 黑	① hēi	② hǎi	③ huái	④ hái
(5) 小心	① xiǎoxìn	② xiǎoxīn	③ shāoxīn	④ shǎoxīn
(6) 别	① biē	② bǎi	③ bié	④ bái

정답 (1) ② (2) ④ (3) ① (4) ① (5) ② (6) ③

제18과 狼和七只小羊 II
늑대와 7마리 새끼 양 II

(咚咚)
dōngdōng
(똑똑!)

大灰狼：小山羊乖乖、妈妈回来了、
Xiǎoshānyáng guāiguāi māma huíláile
带来好多好吃的东西。
dài lái hǎoduō hǎochīde dōngxi
늑대 : 새끼 양들아 착하기도 하지, 엄마가 왔단다, 맛있는 것을 많이 가지고 왔단다.

小羊：欢迎妈妈回来。啊……、不~……、
Huānyíng māma huílái. A bù
새끼양 : 엄마 어서 오세요! 아! 안돼요!

羊妈妈：出了什么事？我的孩子、快回答我！
Chū le shénme shì? Wǒ de háizi kuài huídá wǒ!
엄마양 : 무슨 일이 일어난 거니? 얘들아, 어서 대답해 봐!

小羊：我在这儿！
Wǒ zài zhèr!
妈妈！大灰狼来了、把他们都吃掉了。
Māma! Dàhuīláng lái le bǎ tāmen dōu chī diào le.
새끼양 : 저 여기 있어요! 엄마! 늑대가 와서 양들을 다 잡아먹어 버렸어요.

羊妈妈：他的肚子还在动、
Tāde dùzi hái zài dòng
也许我们能把孩子们救出来。
yěxǔ wǒmen néng bǎ háizi men jiù chūlái
엄마양 : 늑대의 배가 아직 움직이는구나.
어쩌면 우리가 우리 애들을 구할 수 있을지도 몰라.
快去拿剪刀和针线来！快去找一些石头来。
Kuài qù ná jiǎndāo hé zhēnxiàn lái! Kuài qù zhǎo yìxiē shítou lái.
어서 가서 가위와 실 바늘을 가지고 오너라! 어서 가서 돌 좀 가지고 오너라.

大灰狼：啊！真口渴、我去喝点水吧。
A! Zhēn kǒukě wǒ qù hē diǎn shuǐ ba
늑대 : 아! 정말 목이 마르군, 물을 마시러 가야겠어.

羊妈妈、小羊：好哇！大灰狼死掉了！
Hǎo wa Dàhuī láng sǐdiào le
엄마양, 새끼양 : 와! 잘 됐다. 늑대가 죽었다!

새로 나온 단어

欢迎 huānyíng 환영하다
回答 huídá 대답하다
吃掉 chīdiào 먹다
也许 yěxǔ 아마도
救出来 jiù chūlái 구해내다
剪刀 jiǎndāo 가위
针 zhēn 바늘
线 xiàn 실
石头 shítou 돌
死掉 sǐdiào 죽다

10주차

중국어 포인트

1) 명사

- 孩子 háizi　아이
- 肚子 dùzi　배(신체의 일부)
- 剪刀 jiǎndāo　가위
- 针 zhēn　바늘
- 线 xiàn　실
- 石头 shítou　돌

2) 동사

- 欢迎 huānyíng　환영하다
- 出事 chūshì　일이 생기다

예문

出了什么事?　Chū le shénme shì?　무슨 일이 생겼어?

TIP

离合词 líhécí 이합사는 동사 구조가 '동+빈'구조로 되어 있다. 이 동빈 구조 사이에 다른 성분이 들어갈 수 있다.

예문

结婚 jiéhūn → 结了一次婚 jié le yí cì hūn　결혼을 한 번 했다.
离婚 líhūn → 离了一次婚 lí le yí cì hūn　이혼을 한 번 했다.

- 回答 huídá　대답하다

• 吃 + 掉 = 동보구조 = 동사 + 보어 : 먹어 치우다
chī diào

예문

吃 chī + 掉了 diào le
死 sǐ + 掉 diào 죽다

• 拿来 가져오다
nálái

• 找来 찾아오다
zhǎolái

• 救出来 구해 내다
jiù chūlái

TIP

동사의 뒤에서 동작이나 행위의 방향을 보충 설명하는 것을 방향보어라고 한다.
방향보어에는 단순 방향 보어와 복합 방향보어가 있다.

1. 단순 방향보어 : 동사 뒤에 방향을 나타내는 보어가 온다.
① 동사 + 방향보어(来/去/上/下/出/回/开/起)
[예문] 他出去了。 그는 나갔다.
拿来。 가져 와라.
把他找来。 그를 찾아와라.
② 동사 + 복합 방향보어(上来/上去/下来/下去/进来/进去…)
[예문] 你把他救出来。 그를 구하여라.
他走下去了。 그는 걸어 내려갔다.

• 还在动 아직도 움직이다
hái zài dòng

• 也许 아마도
yěxǔ

예문

他也许会来。 그는 아마도 올 것이다.

10주차

읽기 연습

- 欢迎妈妈回来 huānyíng māma huílái
- 出了什么事 chū le shénme shì
- 快回答我 kuài huídá wǒ
- 我在这儿 wǒ zài zhèr
- 把他们都吃掉了 bǎ tāmen dōu chīdiào le
- 他的肚子还在动 tā de dùzi hái zài dòng
- 也许我们能把孩子们救出来 yěxǔ wǒmen néng bǎ háizimen jiù chūlái
- 剪刀和针线 jiǎndāo hé zhēnxiàn
- 去拿剪刀和针线来 qù ná jiǎndāo hé zhēnxiàn lái
- 快去找一些石头来 kuài qù zhǎo yìxiē shítou lái
- 啊！真口渴 ā! zhēn kǒukě
- 我去喝点水吧 wǒ qù hē diǎn shuǐ ba
- 好哇！大灰狼死掉了 hǎo wa! dàhuīláng sǐdiào le

작문 연습

A : 무슨 일이 생겼니?

B : 옷이 터졌어요.

A : 빨리 가서 가위와 바늘, 실 좀 가져오너라.

B : 알았어요.

10주차

정답

A: 出了什么事?
B: 衣服破了。
A: 快去拿剪刀和针线来。
B: 好的。

간체자 써보기

掉									
肚	子								
动									
也	许								
救									
剪	刀								
针									
线									
石	头								

번체자 익히기

动 ---> 動

许 ---> 許

针 ---> 針

线 ---> 線

头 ---> 頭

문제 풀이

1. 다음 괄호 안에 알맞은 단어가 나열된 것을 고르시오.

(1) 大灰狼把它们都(먹어 치웠다)。
(2) 去(찾다)一些石头来。
(3) 去(가져오다)剪刀来。
(4) 羊妈妈把孩子们(구해냈다)。
(5) 大灰狼(죽었다)。

① 找 / 拿 / 死掉了 / 吃掉了 / 就出来了
② 吃掉了 / 找 / 救出来了 / 拿 / 死掉了
③ 吃掉了 / 救出来了 / 死掉了 / 找 / 拿
④ 吃掉了 / 找 / 拿 / 救出来了 / 死掉了

정답 ④

2. 다음 단어의 알맞은 발음을 고르시오.

(1) 欢迎	① huànyīng	② hànyíng	③ huānyíng	④ huányíng
(2) 回答	① huídì	② huídá	③ huìdà	④ huìdá
(3) 肚子	① dúzi	② tùzì	③ dúzhǐ	④ dùzǐ
(4) 剪刀	① jiǎndào	② jiǎndāo	③ jiàndào	④ jiēdào
(5) 针	① zhēn	② chén	③ zhèn	④ chèn
(6) 口渴	① kòukě	② gōukě	③ kǒukě	④ kōukè
(7) 喝水	① hé shuǐ	② hé shuǐ	③ hē shuǐ	④ hē shí

정답 (1) ③ (2) ② (3) ④ (4) ② (5) ① (6) ③ (7) ③

3. 다음 한국어 문장을 읽고 아래 나열된 중국어 단어를 어순에 맞게 나열하시오.

(1) 나는 결혼을 두 번 했다.

[보기] 了 婚 两次 结 我

정답 我结了两次婚。

(2) 나는 이혼을 세 번 했다.

[보기] 三次 我 了 婚 离

정답 我离了三次婚。

MEMO

10주차

중국어 기초회화 2

11주차

7~18과 복습

핵심 어휘 & 표현

- 要 ~을 원하다 / 필요하다 / 바라다
  yào

  S + 要 + V + O ~을 하려고 하다
  yào

  S + 要 + O ~을 원하다
  yào

- 선택의문문

  S + A 还是 B ? A입니까 B입니까?

- 来一点儿 …
  lái yidiǎr

  先…再…
  xiān zài

- 可是…
  kěshì

- 天气怎么样? 날씨가 어떻습니까?
  Tiānqì zěnmeyàng

- 如果
  rúguǒ

- 是…的
  shì de

- 这么 + 형용사 / 동사… 이렇게 (형용사/동사) …하다
  zhème

- 방향보어

  拿来 가져오다
  ná lái

  找来 찾아오다
  zhǎo lái

  救出来 구출해 내다
  jiù chūlái

상황 회화

1) 패스트 푸드점에서 주문할 경우

A: 请问、你要买什么？ 무엇이 필요하십니까?
Qǐngwèn nǐ yào mǎi shénme?

B: 我要一个汉堡包、一杯可乐、一包炸薯条。
Wǒ yào yí gè hànbǎobāo yì bēi kělè yì bāo zhá shǔtiáo.
햄버거 한 개, 콜라 한 잔, 후렌치 후라이 한 봉지 주세요.

A: 还要别的吗？ 더 필요하신 거 있으십니까?
Hái yào bié de ma?

B: 再来一个苹果派。 애플파이 하나 더 주세요.
Zàilái yí gè píngguǒpài.

A: 你要带走还是在这儿吃？ 가지고 가시겠습니까? 아니면 여기서 드시겠습니까?
Nǐ yào dàizǒu háishi zài zhèr chī?

B: 带走。请你帮我打包一下。 가지고 갈 겁니다. 포장해 주세요.
Dài zǒu. Qǐng nǐ bāng wǒ dǎ bāo yíxià.

谢谢你。多少钱？ 감사합니다. 얼마입니까?
Xièxie nǐ. Duōshaoqián?

A: 一共六十三块。 모두 63원 입니다.
Yígòng liùshí sān kuài.

2) 식당에서 식사할 경우

A: 你们几位？ 몇 분이십니까?
Nǐmen jǐ wèi?

B: 我们四位。 네 사람입니다.
Wǒmen sì wèi.

A: 吸烟不吸烟？ 담배를 피우십니까?
Xīyān bù xīyān?

B: 我们不吸烟。 저희는 담배를 피우지 않습니다.
Wǒmen bù xīyān.

请问、有没有包房？ 룸 있습니까?
Qǐngwèn yǒu méiyǒu bāofáng?

A: 有。这边请。 있습니다. 이쪽으로 오세요.
Yǒu. Zhè biānqǐng.

11주차

3) 식당에서 주문할 경우

A: 你们要喝什么茶？ 무슨 차를 드시겠습니까?
Nǐmen yào hē shénme chá?

B: 你们有什么茶。 무슨 차가 있습니까?
Nǐmen yǒu shénme chá.

A: 有菊花、龙井、乌龙、铁观音。
Yǒu júhuā lóngjǐng wūlóng tiěguānyīn.
국화차, 용정차, 우롱차, 관음차가 있습니다.

B: 来点儿龙井。 용정차로 주세요.
Lái diǎr lóngjǐng

A: 你们现在点菜吗？ 지금 주문을 하시겠습니까?
Nǐmen xiànzài diǎn cài ma?

这里有菜单。 여기 메뉴판이 있습니다.
Zhè lǐ yǒu càidān.

B: 那么、先来一盘麻婆豆腐、鱼香肉丝、再来一道蔬菜。
Nàme xiān lái yì pán mápó dòufǔ yúxiāng ròusī zài lái yí dào shūcài.
그럼 먼저 마포더우푸(마파두부), 위샹러우스 한 접시씩 가져다 주시고
그 다음 야채요리 하나 가져다 주세요.

4) 계절의 특징을 나타낼 경우

A: 韩国的天气怎么样？ 한국의 날씨는 어떻습니까?
Hánguó de tiānqi zěnmeyàng?

B: 四季分明。 사계절이 뚜렷합니다.
Siji fēnming?

A: 春天的天气怎么样？ 봄 날씨는 어떻습니까?
Chūntiān de tiānqi zěnmeyàng?

B: 春天的天气很暖和、是开花的季节。
Chūntiān de tiānqi hěn nuǎnhuo shì kāihuā de jìjié.
봄 날씨는 매우 따뜻하고 꽃이 피는 계절입니다.

A: 夏天的天气怎么样？ 여름 날씨는 어떻습니까?
Xiàtiān de tiānqi zěnmeyàng

B: 夏天的天气很热、常常下雨。
Xiàtiān de tiānqi hěn rè chángcháng xià yǔ.
여름 날씨는 매우 덥습니다. 종종 비가 옵니다.

A: 秋天怎么样？ 가을은 어떻습니까?
Qiūtiān zěnmeyàng

B: 秋天不冷不热、很凉快。 가을은 춥지도 덥지도 않습니다. 매우 시원합니다.
Qiūtiān bù lěng bú rè, hěn liángkuài.

A: 那么冬天呢？ 그럼 겨울은요?
Nàme dōngtiān ne?

B: 冬天很冷、会下雪。 겨울은 매우 춥습니다. 눈이 내리기도 합니다.
Dōngtiān hěn lěng huì xià xuě.

5) 날씨를 묻는 경우

A: 今天的天气怎么样？ 오늘 날씨는 어떻습니까?
Jīntiān de tiānqì zěnmeyàng?

B: 今天是阴天。 오늘 날씨가 흐립니다.
Jīntiān shì yīntiān.

B: 听说、今天下午要下雨、带着雨伞出去吧。
Tīngshuō jīntiān xià wǔ yào xià yǔ dài zhe yǔsǎn chū qù ba.
듣자니, 오늘 오후에 비가 온다던데, 우산 가지고 나가세요.

A: 明天的天气怎么样？ 내일 날씨는 어떻습니까?
Míngtiān de tiānqì zěnmeyàng?

B: 听说、明天早上下雨、打闪、打雷、可是下午会转晴。
Tīngshuō míngtiān zǎoshàng xià yǔ dǎ shǎn dǎléi kěshì xi wǔ huì zhuǎnqíng.
듣자 하니, 내일 아침에는 비가 오고 번개와 천둥도 친다고 합니다. 하지만 오후에는 갠다고 합니다.

A: 后天呢？ 모레는요?
Hòutiān ne?

B: 后天是晴天。 모레는 맑습니다.
Hòutiān shì qíngtiān.

6) 이야기 중국어 - 狼和七只小羊

- 我不在的时候、如果大灰狼来了、你们千万不要开门。
Wǒ búzàide shíhòu rúguǒ dàhuīláng láile nǐmen qiānwàn búyào kāimén
엄마 없을 때, 만약 늑대가 오면, 너희들은 절대로 문을 열어서는 안 된다.

- 大灰狼的嗓子是粗粗的、爪子是黑黑的。
Dàhuīláng de sǎngzi shì cūcūde zhuǎzi shì hēihēi de
늑대 목소리는 굵고, 발톱은 새까맣단다.

- 妈妈没有你这么粗的嗓音。 엄마는 당신처럼 이렇게 굵은 목소리가 아니에요.
Māma méiyǒu nǐ zhème cū de sǎngyīn.

- 妈妈没有你这么黑的爪子。 엄마는 당신처럼 이렇게 까만 발이 아니에요.
Māma méiyǒu nǐ zhème hēi de zhuǎzi.

- 她的肚子还在动、也许我们能把孩子们救出来。
Tā de dùzi hái zài dòng yěxǔ wǒmen néng bǎ hái zimen jiù chūlái.
늑대의 배가 아직 움직이니, 어쩌면 우리가 우리 애들을 구할 수 있을지도 모릅니다.

- 快去拿剪刀和针线来！ 어서 가서 가위와 실 바늘을 가지고 오세요!
Kuài qù ná jiǎndāo hé zhēnxiàn lái!

- 快去找一些石头来。 어서 가서 돌 좀 가지고 오세요.
Kuài qù zhǎo yìxiē shítou lái.

11주차

치환 연습

1) 더 필요한 것을 요구하는 再来
zài lái

A: 还要别的吗? 다른 것이 필요하십니까?

B: 再来一个苹果派。 애플파이 한 개 더 주세요.

再来一包炸薯条。 후렌치 후라이 한 봉지 더 주세요.

再来一杯可乐。 콜라 한 잔 더 주세요.

2) 선택 의문문을 만드는 还是
háishi

- 你要带走还是在这儿吃? 가져가시겠습니까? 아니면 여기서 드시겠습니까?
- 你要看书还是看报纸? 책을 보시겠습니까? 아니면 신문을 보시겠습니까?
- 你要一个人去、还是和我一起去? 혼자 가실 겁니까? 아니면 저와 함께 가실 겁니까?

3) 음식을 주문할 때 先点…再点…

- 先点一个肉、再点一个蔬菜。 먼저 고기를 주문하고, 그 다음 야채요리를 주문할게요.
- 先点一道麻婆豆腐、再点一道宫爆鸡丁。 먼저 마파두부 하나를 주문하고, 그 다음 궁바오지딩을 주문할게요.
- 先来一点茶、再来一点菜。 먼저 차를 주문하고, 그 다음 요리를 주문할게요.
- 先来一点菜、再来一点水果。 먼저 요리를 주문하고, 그 다음 과일을 주문할게요.

4) 날씨를 표현하는 표현

- 今天是阴天。 오늘 날씨는 흐립니다.
- 今天是晴天。 오늘 날씨는 맑습니다.
- 今天下雨。 오늘 비가 옵니다.
- 今天下雪。 오늘 눈이 옵니다.
- 今天刮风。 오늘 바람이 붑니다.
- 今天打闪、打雷。 오늘 번개와 천둥이 칩니다.

5) 계절의 특징을 나타내는 표현

热 / 冷 / 暖和 / 凉快
rè lěng nuǎnhuo liángkuài

- 春天的天气很暖和、是开花的季节。
  봄 날씨는 매우 따뜻하고, 꽃이 피는 계절입니다.
- 夏天的天气很热、是常常下雨的季节。
  여름 날씨는 매우 덥고, 종종 비가 내리는 계절입니다.
- 秋天的天气不冷也不热、是凉快的季节。
  가을 날씨는 춥지도 덥지도 않고, 시원한 계절입니다.
- 冬天的天气很冷、是下雪的季节。
  겨울 날씨는 매우 춥고, 눈이 내리는 계절입니다.

6) 대명사 : 이렇게 这么

- 妈妈没有你这么粗的嗓音。 엄마는 당신처럼 이렇게 굵은 목소리가 아니에요.
- 妈妈没有你这么黑的爪子。 엄마는 당신처럼 이렇게 까만 발이 아니에요.

7) 방향보어 (来/去/上/下/出/回/开/起)

(1) 동사+방향보어

- 快去拿剪刀和针线来! 어서 가서 가위와 실 바늘을 가지고 오세요!
- 快去找一些石头来。 어서 가서 돌 좀 가지고 오세요.

(2) 동사+복합방향보어 (上来/上去/下来/下去/进来/进去)

- 你把他救出来。 그를 구하여라.
- 他走下去了。 그는 걸어 내려갔다.

11주차

문제풀이

다음 한국어 문장을 참고하여 빈 칸에 알맞은 중국어를 보기에서 선택한 후 해당 한자의 병음과 성조를 적어주세요.

一包 / 请问 / 带走 / 还是 / 一杯 / 还要 / 再来

1. (1)

직 원 : 어서 오십시오! 무엇이 필요하십니까?
리 리 : 햄버거 한 개, 콜라 한 잔, 후렌치 후라이 한 봉지 주세요.
직 원 : 더 필요하신 거 있으십니까?
리 리 : 애플파이 하나 더 주세요.

服务员 : 欢迎光临! (　　　)、你要什么?
莉　莉 : 我要一个汉堡包、(　　　)可乐、(　　　)炸薯条。
服务员 : (　　　) 别的吗?
莉　莉 : (　　　) 一个苹果派。

정답 请问 Qǐng wèn / 一杯 Yì bēi / 一包 Yì bāo / 还要 Hái yào / 再来 Zài lái

1. (2)

직 원 : 가지고 가시겠습니까? 아니면 여기서 드시겠습니까?
리 리 : 가지고 갈 겁니다. 포장해 주세요.

服务员 : 你要带走(　　　)在这儿吃?
莉　莉 : (　　　)。请你帮我打包一下。

정답 还是 háishì / 带走 Dài zǒu

下雪 / 四季分明 / 凉快 / 这么 / 怎么样 / 暖和

2. (1)

샤오밍 : 한국의 날씨는 어떠니?
미　선 : 봄, 여름, 가을, 겨울이 있어 사계절이 뚜렷하지.
　　　　봄 날씨는 매우 따뜻해, 꽃 피는 계절이야.

小　明 : 韩国的天气(　　　)?
美　善 : (　　　)、有春天、夏天、秋天和冬天。
　　　　春天的天气很(　　　)、是开花的季节。

정답 怎么样 zěnmeyàng / 四季分明 Sìjì fēnmíng / 暖和 nuǎnhuo

2. (2)

샤오밍 : 너희(한국의) 여름도 이렇게 덥니?
미　선 : 우리(한국의) 여름도 정말 더워.
　　　　하지만, 가을은 춥지도 덥지도 않아, 정말 시원하지.
샤오밍 : 그럼, 겨울은?
미　선 : 겨울은 정말 추워, 눈이 내리기도 해.

小　明 : 你们的夏天也(　　　)热吗?
美　善 : 我们夏天也很热。
　　　　可是秋天不冷也不热、很(　　　)。
小　明 : 那么、冬天呢?
美　善 : 冬天很冷、会(　　　)。

정답 这么 zhème / 凉快 liángkuài / 下雪 xià xuě

吃掉 / 出来 / 也许 / 什么 / 找 / 还在 / 拿 / 来

3. (1)

엄　마 : 무슨 일이 일어난 거니?
　　　　얘들아, 어서 대답해 봐!
새끼양 : 저 여기 있어요! 엄마! 늑대가 와서 양들을 다 잡아 먹어버렸어요.

妈　妈 : 出了(　　　)事? 我的孩子、快回答我!
小　羊 : 我在这儿! 妈妈!
　　　　大灰狼来了、把她们都(　　　)了。

정답 什么 shénme / 吃掉 chīdiào

3. (2)

엄　마 : 늑대의 배가 아직 움직이는구나,
　　　　어쩌면 우리가 애들을 구할 수 있을지도 몰라.
　　　　어서 가서 가위와 실 바늘을 가지고 오너라!
엄　마 : 어서 가서 돌 좀 가지고 오너라.

妈　妈 : 他的肚子(　　　)动、(　　　)我们能把孩子们救(　　　)。
　　　　快去(　　　)剪刀和针线(　　　)!
妈　妈 : 快去(　　　)一些石头(　　　)。

정답 还在 hái zài / 也许 yěxǔ / 出来 chū lái / 拿 ná / 来 lái / 找 zhǎo / 来 lái

MEMO

11주차

중국어 기초회화 2

12주차

제19과 打电话 I

전화를 걸다 I

(莉莉的) 妈妈: 喂!
Wèi!
(리리의)엄마 : 여보세요?

小明: 请问、莉莉在家吗?
Qǐng wèn Lìli zài jiā ma?
샤오밍 : 실례지만, 리리 집에 있습니까?

(莉莉的) 妈妈: 请问、您是哪位?
Qǐng wèn nín shì nǎ wèi
(리리의)엄마 : 실례지만, 누구십니까?

小明: 我是莉莉的朋友、叫小明。
Wǒ shì Lìli de péngyǒu jiào Xiǎomíng
샤오밍 : 저는 리리의 친구, 샤오밍이라고 합니다.

(莉莉的) 妈妈: 她现在不在家。她出去了。
Tā xiànzài búzài jiā Tā chū qù le
你找她有事吗?
Nǐ zhǎo tā yǒu shì ma?
(리리의)엄마 : 리리는 집에 없는데, 외출했어. 무슨 일로 리리를 찾니?

小明: 我想跟她一起到书店买书。
Wǒ xiǎng gēn tā yìqǐ dào shūdiàn mǎi shū.
샤오밍 : 리리와 함께 서점에 가서 책을 사고 싶어서요.

(莉莉的) 妈妈: 你们约好了吗?
Nǐmen yuē hǎo le ma?
(리리의)엄마 : 약속을 했었니?

小明: 没有。请问、她什么时候回来?
Méiyǒu. Qǐngwèn tā shénme shíhou huí lái?
샤오밍 : 아니요. 리리는 언제쯤 돌아오나요?

(莉莉的) 妈妈: 不太清楚。你要留言吗?
Bútài qīngchu Nǐ yào liúyán ma?
(리리의)엄마 : 잘 모르겠는데, 남길 말이 있니?

小明: 麻烦你转告她，
Máfan nǐ zhuǎngào tā
回来以后给我打个电话。
huí lái yǐhòu gěi wǒ dǎ ge diànhuà
샤오밍 : 리리한테 돌아오면 제게 전화 좀 달라고 전해 주세요.

(莉莉的) 妈妈: 好的、你电话号码是多少？
Hǎo de nǐ diànhuà hàomǎ shì duōshao?
(리리의)엄마 : 알았다. 전화번호가 어떻게 되니?

小明: 我家的电话号码是6 2 5 1-2 3 5 2。
Wǒ jiā de diànhuà hàomǎ liù èr wǔ yāo èr sān wǔ èr.
샤오밍 : 저희 집 전화번호는 6251-2352이고요.
我手机号码是0 1 0-3 0 8-8 8 9 8。
Wǒ shǒujī hàomǎ shì líng yāo líng sān líng bā bā bā jiǔ bā
핸드폰 번호는 010-308-8898입니다.

(莉莉的) 妈妈: 好。再见！
Hǎo Zàijiàn
(리리의)엄마 : 그래 알았다.

小明: 再见！
Zàijiàn!
샤오밍 : 안녕히 계세요.

새로 나온 단어

- 电话 diànhuà 전화
- 电话号码 diànhuà hàomǎ 전화번호
- 打电话 dǎ diànhuà 전화를 걸다
- 手机 shǒujī 핸드폰
- 手机号码 shǒujī hàomǎ 핸드폰 번호
- 喂 wèi 여보세요
- 位 wèi 사람에 대한 양사
- 约 yuē 약속하다
- 不太清楚 bútài qīngchu 잘 모르겠다 / 확실하지 않다
- 留言 liúyán 메모를 남기다
- 麻烦 máfan 폐를 끼치다 / 귀찮게 하다
- 转告 zhuǎngào 전하다
- 回来以后 huílái yǐhòu 돌아온 후에

12주차

중국어 포인트

1) 전화와 관련된 것

- 电话 diànhuà — 전화
- 电话号码 diànhuà hàomǎ — 전화번호

> **예문**
>
> 电话号码是多少? Diànhuà hàomǎ shì duōshao? 전화번호가 몇 번이니?

- 打电话 dǎ diànhuà — 전화를 걸다

> **TIP**
>
> | | | |
> |---|---|---|
> | 打电话 | dǎ diànhuà | 전화를 걸다 |
> | 来电话 | lái diànhuà | 전화가 오다 |
> | 接电话 | jiē diànhuà | 전화를 받다 |
> | 挂电话 | guà diànhuà | 전화를 끊다 |

- 手机 shǒujī — 핸드폰(말 그대로 손에 있는 기계의 의미로 쓰였다.)
- 手机号码 shǒu jī hào mǎ — 핸드폰 번호

> **예문**
>
> 手机号码是010-308-8898。
>
> Shǒujī hàomǎ shì líng yāo líng–sān líng bā - bā bā jiǔ bā

- 占线 zhànxiàn — 통화중
- 请稍后 Qǐng shāohòu — 잠시 기다리세요.
  - = 请等一下。 Qǐng děng yíxià.
  - = 请稍等。 Qǐng shāoděng
- 直线号码 zhíxiàn hàomǎ — 직통전화
- 打错电话 dǎ cuò diànhuà — 전화를 잘못 걸다

2) 喂 wèi / wéi

'喂'는 사람을 부르는 소리의 감탄사이다. 원래는 4성이지만 전화상에서 어감을 부드럽게 하기 위해서 보통 2성으로 발음한다.

3) 位 wèi 사람에 대한 양사

예문

你们几位?

4) 约 yuē 약속하다

5) 不太清楚 bútài qīngchu 잘 모르겠다, 확실하지 않다

6) 留言 liúyán 메시지를 남기다(메모를 남기다)

'留言'은 명사로 '(어떤 장소를 떠날 때 남긴)메모'의 뜻도 있고, 동사로 '메모를 남기다'의 뜻 도 있다.

7) 麻烦 máfan 폐를 끼치다, 귀찮게 하다

'麻烦'이라는 단어를 일상생활에서 자주 사용되는 표현으로 '(문제가)복잡하다, 성가시다, 다른 사람을 귀찮게 하다'의 뜻으로 사용된다.

8) 转告 zhuǎngào 전하다

9) 回来以后 huílái yǐhòu 돌아온 후에

10) 个 ge 한 번(동량사)

个는 사물의 개수를 세는 양사로도 쓰이지만 '동사 + 个 + 목적어'의 형식으로 동사의 횟수를 나타내는 동량사로도 쓰인다.

예문

叫他给我打个电话。	Jiào tā gěi wǒ dǎ ge diànhuà.	그에게 전화 좀 해달라고 하세요.
都喜欢跟他见个面。	Dōu xǐhuān gēn tā jiàn ge miàn.	모두 그와 만나기를 좋아한다.
雨下个不停。	Yǔ xià ge bù tíng.	비가 그치지 않는다.

읽기 연습

- 喂 wèi / wéi
- 您是哪位 nín shì nǎ wèi
- 你找她有事吗 nǐ zhǎo tā yǒu shì ma
- 我想跟她一起到书店买书 Wǒ xiǎng gēn tā yìqǐ dào shūdiàn mǎi shū.
- 你们约好了吗 nǐmen yuē hǎo le ma
- 不太清楚 bútài qīngchu
- 你要留言吗 nǐ yào liúyán ma
- 麻烦你转告她 máfan nǐ zhuǎngào tā
- 回来以后给我打个电话 huí lái yǐhòu gěi wǒ dǎ ge diànhuà
- 电话号码是多少 diànhuà hàomǎ shì duōshao
- 我家的电话号码是6251-2352 wǒ jiā de diànhuà hàomǎ shì liù èr wǔ yāo - èr sān wǔ èr
- 我手机号码是010-308-8898 wǒ shǒujī hàomǎ shì líng yāo líng–sān líng bā - bā bā jiǔ bā

회화 연습

1)

A: 请问您是哪位?

B: 我是莉莉的朋友。
我是莉莉的男朋友。
我是莉莉的老师。
我是莉莉的姑妈。

2)

A: 你找她有事吗?

B: 我想跟她一起到书店买书。
我想跟她一起去吃饭。
我想跟她一起看电视。
我想跟她一起去图书馆。

3)

A: 您的电话号码是多少?

B: 我家的电话号码是6251-2352。
我公司的电话号码是3400-3998。
我手机号码是010-308-8898。

작문 연습

A : 여보세요!

B : 리리 있어요?

A : 지금 나갔는데요, 무슨 일로 찾으시죠?

B : 저는 리리 친구 샤오밍이라고 하는데요, 리리하고 함께 컴퓨터를 하려고 합니다.

A : 서로 약속을 하셨나요?

B : 아니요. 죄송하지만 리리가 돌아오면 저에게 전화 좀 해달라고 전해 주세요.

제 핸드폰 번호는 010-219-8934입니다.

정답

A: 喂!
B: 请问、莉莉在家吗?
A: 她出去了、你找她有事吗?
B: 我是她的朋友、叫小明。
我想跟莉莉一起玩电脑。
A: 你们约好了吗?
B: 没有。麻烦你转告她、回来以后给我打个电话。
我的手机号码是010-219-8934。

간체자 써보기

店									
约									
清	楚								
电	话								
号	码								
留	言								
麻	烦								
转	告								
手	机								

12주차

번체자 익히기

约 ---> 約

电话 ---> 電話

号码 ---> 號碼

麻烦 ---> 麻煩

转告 ---> 轉告

手机 ---> 手機

문제 풀이

1. 다음 단어의 올바른 병음과 성조를 고르시오.

(1) 约	① yuè	② yuē	③ yú	④ yǔ
(2) 位	① wéi	② wèi	③ wěi	④ wāi
(3) 找	① zhǎo	② zǎo	③ cǎo	④ zhāo
(4) 事	① shí	② sì	③ shì	④ shī
(5) 想	① xiàng	② xiāng	③ shāng	④ xiǎng

정답 (1) ② (2) ② (3) ① (4) ③ (5) ④

2. 다음 단어의 뜻을 적어 넣으세요.

(1) 跟
(2) 书店
(3) 不太清楚
(4) 留言
(5) 电话号码

정답 (1) ~와(과) (2) 서점 (3) 잘 모르겠다(확실치 않다) (4) 메시지를 남기다(메모를 남기다) (5) 전화번호

제20과 打电话 II
전화를 걸다 II

A: 喂、上海三星公司、请讲。
Wèi, Shànghǎi Sānxīng gōngsī qǐngjiǎng
A: 여보세요, 상해 삼성입니다. 말씀하세요.

B: 麻烦您、请转1889。
Máfan nín qǐngzhuǎn 1889
B: 1889로 부탁 드립니다(돌려주세요).

A: 请稍后。现在占线，请您过一会儿再打。
Qǐngshāohòu Xiànzài zhànxiàn qǐng nín guò yíhur zài dǎ
A: 잠시만 기다리세요. 지금은 통화 중입니다, 잠시 후에 다시 걸어주세요.

B: 请问、有没有直线？
Qǐngwèn yǒu méiyǒu zhíxiàn?
B: 실례지만, 직통(전화)이 있습니까?

A: 请稍后。直线号码是6275-8898。
Qǐngshāohòu Zhíxiàn hàomǎ shì 6275-8898.
A: 잠시만요, 직통 전화번호는 6275-8898입니다.

B: 谢谢。
Xièxie
B: 감사합니다.

C: 喂、上海三星公司营销部、请讲。
Wèi Shànghǎi Sānxīng gōngsī yíngxiāobù qǐngjiǎng
C: 여보세요! 상해 삼성 마케팅부입니다. 말씀하세요.

B: 我想请金大换先生听电话。
Wǒ xiǎngqǐng Jīndàhuàn xiānsheng tīng diànhuà.
B: 김대환 씨와 통화하고 싶습니다.

C: 您打错电话了。他不在我们部门。
Nín dǎ cuò diànhuà le. Tā búzài wǒmen bùmén
他在另外一个部门。请等一下、我帮你转。
Tā zài lìngwài yí gè bùmén Qǐngděng yíxià, wǒ bāng nǐ zhuǎn
C: 전화 잘못 거셨습니다. 김대환 씨는 저희 부서에 안 계시고 다른 부서에 계십니다. 잠시만 기다리세요, 제가 돌려드리겠습니다.

A: 谢谢。
Xiè xie
A: 감사합니다.

새로 나온 단어

- 转 zhuǎn 돌리다
- 请稍后 qǐng shāohòu 잠시 기다리세요
- 占线 zhànxiàn 통화중
- 过 guò 건너가다, 지나다, 지내다, 초과하다
- 一会儿 yi hur 잠시, 조금
- 直线号码 zhíxiàn hàomǎ 직통전화
- 打错电话 dǎ cuò diànhuà 전화를 잘못 걸다
- 部门 bùmén 부서
- 另外 lìngwài 별도의, 다른, 그 밖의 (형용사)

중국어 포인트

1) 명사

- 上海三星公司 상해삼성회사
  Shànghǎi Sānxīng gōngsī
- 部门 부서
  bùmén
- 直线号码 직통전화
  zhíxiàn hàomǎ
- 营销部 마케팅 부
  yíngxiāobù

2) 동사

- 转 돌리다
  zhuǎn
- 占线 통화 중
  zhànxiàn
- 过 건너가다, 지나다, 지내다, 초과하다
  guò

过 guò 는 건너가다, 지나다, 초과하다 등의 뜻을 가진 동사로 '장소, 시간, 범위' 등을 나타내는 목적어를 가진다.

예문

你们过春节吗?	Nǐmen guò Chūnjié ma?	☞ (시점을)지내다
过一会儿再打。	Guò yíhur zài dǎ.	☞ 지나다
我已经过了五十了。	Wǒ yǐjīng guò le wǔshí le.	☞ 초과하다

3) 请稍后 qǐng shāo hòu 잠시 기다리세요.

= 请等一下 Qǐng děng yíxià

= 请稍等 Qǐng shāo děng

4) 一会儿 잠시, 조금

5) 打错电话 dǎ cuò diànhuà 전화를 잘못 걸다

6) 另外 lìngwài 별도의, 다른, 그 밖의(형용사)

읽기 연습

- 上海三星公司 请讲　Shànghǎi Sānxīng gōngsī qǐng jiǎng
- 麻烦您 请转1889　máfan nín qǐng zhuǎn 1889
- 请稍后　qǐng shāohòu
- 现在占线　xiànzài zhànxiàn
- 请您过一会儿再打　qǐng nín guò yíhur zài dǎ
- 请问有没有直线　qǐng wèn yǒu méiyǒu zhíxiàn
- 直线号码是6275-8898　zhíxiàn hàomǎ shì 6275-8898
- 上海三星公司营销部，请讲
  Shànghǎi Sānxīng gōngsī yíngxiāobù qǐng jiǎng
- 我想请金大换先生听电话
  Wǒ xiǎng qǐng Jīndàhuàn xiānsheng tīng diànhuà
- 您打错电话了　nín dǎ cuò diànhuà le
- 他不在我们部门　tā búzài wǒmen bùmén
- 他在另外一个部门　tā zài lìngwài yí gè bùmén
- 请等一下 我帮你转　qǐng děng yíxià wǒ bāng nǐ zhuǎn

회화 연습

1)

A：请问、您那儿是三星公司吗？

B：请讲。

您找哪一位？

您打错电话了。

2)

A：麻烦您、请转1889？

B：请稍后。

现在占线。过一会儿再打。

我帮你转直线。

3)

A：我想请金先生听电话？

B：他不在。他出去了。

他不在。他开会走了。

你打错了。他在另外一个部门。

请稍等。我帮你转。

작문 연습

A : 여보세요

B : 김선생님 계십니까?

A : 지금 통화중인데, 조금 후에 다시 전화하세요.

B : 그럼 임대환 선생님 계십니까?

A : 잘못 거셨어요. 이대환씨는 다른 부서에 있어서.

잠깐 기다리세요, 돌려드릴게요.

정답

A : 喂!
B : 金先生在吗?
A : 他在点线、请稍后再打。
B : 那么、李大焕先生在吗?
A : 你打错了。李大焕先生在另一个部门。
请稍等、我帮你转。

간체자 써보기

星									
公	司								
转									
稍									
占	线								
直	线								
营	销	部							
错									
部									
另									

번체자 익히기

转 ---> 轉

线 ---> 线

线 ---> 線

营 ---> 營

销 ---> 銷

错 ---> 錯

문제 풀이

1. 다음 표현의 뜻을 쓰시오.

(1) 请讲
(2) 请转
(3) 请稍后
(4) 占线
(5) 过一会儿

정답 (1) 말씀하세요 (2) (…전화로)돌려주세요 (3) 잠시만 기다려 주세요 (4) 통화 중이다 (5) 잠시 후

2. 다음 뜻으로 맞는 것에 (O)표, 틀린 것에 (X)표를 선택하시오.

(1) 请问有没有直线? 직선이 있습니까? ( )
(2) 营销部 관리부 ( )
(3) 我想请金先生听电话。 김선생님의 전화 목소리를 듣고 싶습니다. ( )

정답 (1) X (2) X (3) X

중국어 기초회화 2

13주차

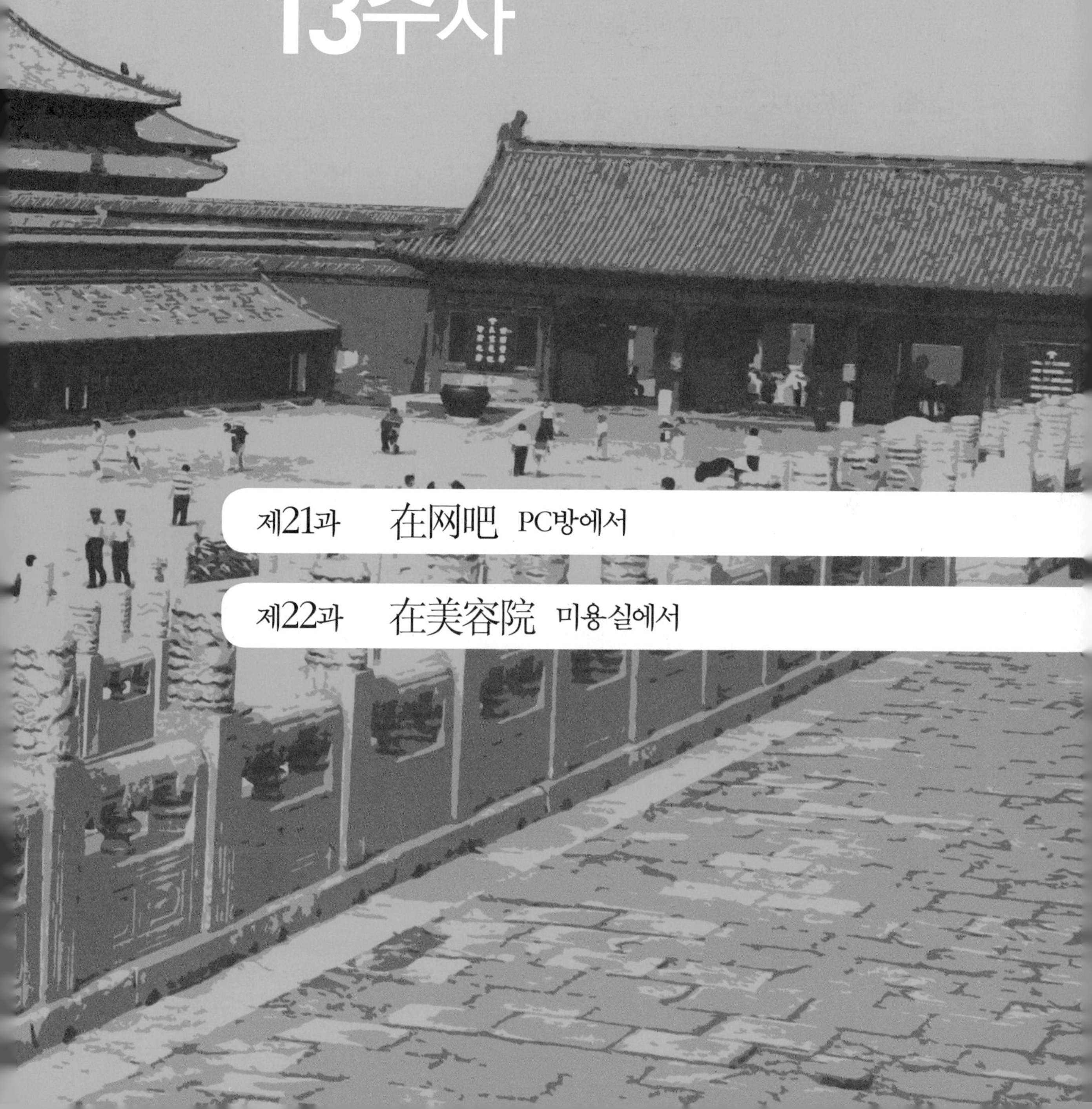

제21과 在网吧 PC방에서

제22과 在美容院 미용실에서

제21과 在网吧

PC방에서

莉莉: 请问、这儿可以发电子邮件吗？
Qǐngwèn zhèr kěyǐ fā diànzǐ yóujiàn ma?
리리 : 여기서 이메일 보낼 수 있습니까?

老板: 当然可以。
Dāngrán kěyǐ.
주인 : 그럼요.

莉莉: 你们是怎么收费的？
Nǐmen shì zěnme shōufèide
리리 : (여긴) 어떻게 계산하시죠?

老板: 一个小时十块钱。
Yígè xiǎoshí shí kuài qián
주인 : 시간당 10원입니다.

莉莉: 我想用两个小时。
Wǒ xiǎng yòngliǎng gè xiǎoshí.
리리 : 저는 두 시간 사용하려고요.

老板: 没问题。请你用八号电脑。马上给你打开。
Méi wèntí Qǐng nǐ yòng bā hào diànnǎo. Mǎshàng gěi nǐ dǎkāi.
주 인 : 문제 없습니다. 8번 컴퓨터를 사용하세요. 지금 바로 켜 드리겠습니다.

莉莉: 谢谢你。你们这儿能使用自己的磁盘吗？
Xièxie nǐ. Nǐmen zhèr néng shǐyòng zìjǐde cípán ma?
리리 : 감사합니다. 여기서 제가 가져온 디스켓을 사용할 수 있습니까?

老板: 可以使用。
Kěyǐ shǐyòng
주인 : 사용하실 수 있습니다.

莉莉: 请问、这儿能不能输入韩文？
Qǐngwèn zhèr néng bù néng shūrù Hánwén
리리 : 여기서 한글 입력이 가능합니까?

老板: 那边的一台安装好了韩文输入器、
Nà biānde yì tái ānzhuāng hǎo le Hánwén shūrùqì,
你能输入韩文。
nǐ néng shūrù Hánwén.
주인 : 저쪽에 있는 컴퓨터에 한글 입력기가 설치되어 있어서
한글 입력을 할 수 있습니다.

莉莉: 谢谢。
Xièxie.
리리 : 감사합니다.

새로 나온 단어

网吧 wǎngbā PC방

电子邮件 diànzǐ yóujiàn 전자우편, 이메일(E-mail)

磁盘 cípán 디스켓

当然可以 dāngrán kěyǐ 물론이다, 당연하다

没问题 méi wèntí 문제 없습니다

发 fā 발송하다, 보내다

收费 shōufèi 비용을 받다

打开 dǎkāi …을 열다

使用 shǐyòng 사용하다

用 yòng 사용하다

安装 ānzhuāng 설치하다

韩文 Hánwén 한글

输入器 shūrùqì 입력기

自己的 zìjǐde 자신의

台 tái 대(기계에 관한 양사)

중국어 포인트

1) 명사

- 生活 shēnghuó — 생활
- 琐事 suǒshì — 사소한 일, 자질구레한 일
- 网吧 wǎngbā — PC방
- 电子邮件 diànzǐ yóujiàn — 전자우편, 이메일(E-mail)
- 磁盘 cípán — 디스켓
- 韩文 Hánwén — 한글
- 输入器 shūrùqì — 입력기

2) 동사

- 发 fā — 발송하다, 보내다
- 输入 shūrù — 입력하다
- 收费 shōufèi — 비용을 받다
- 打开 dǎkāi — …을 열다
- 使用 shǐyòng — 사용하다
- 用 yòng — 사용하다
- 想 xiǎng — …하려고 생각하다
- 安装 ānzhuāng — 설치하다

예문

安装好了	ānzhuāng hǎo le	*동사 + 보어 + 了 형식*

13주차

3) 형용사

- 自己的 zìjǐde　　자신의

4) 양사

- 台 tái　　기계에 관한 양사

> **예 문**
>
> 一台电视机　　yì tái diànshìjī　　텔레비전 한 대
>
> 一台电脑　　yì tái diànnǎo　　컴퓨터 한 대

5) 표현

- 当然可以。 Dāngrán kěyǐ.　　물론이다, 당연하다
- 没问题。 Méi wèntí.　　문제 없습니다

읽기 연습

- 这儿可以发邮件吗　zhèr kěyǐ fā diànzǐ yóujiàn ma
- 当然可以　dāngrán kěyǐ
- 你们是怎么收费的　nǐmen shì zěnme shōufèide
- 一个小时十块钱　yígè xiǎoshí shí kuài qián
- 我想用两个小时　wǒ xiǎng yòng liǎng gè xiǎoshí
- 请你用八号电脑　qǐng nǐ yòng bā hào diànnǎo
- 马上给你打开　mǎshàng gěi nǐ dǎkāi
- 这儿能使用自己的磁盘吗　nǐmen zhèr néng shǐyòng zìjǐde cípán ma
- 这儿能不能输入韩文　zhèr néng bù néng shūrù Hánwén
- 那边的一台安装好了韩文输入器　nà biānde yì tái ānzhuāng hǎo le Hánwén shūrùqì
- 你能输入韩文　nǐ néng shūrù Hánwén

회화 연습

1)

A1： 请问、这儿可以发电子邮件吗?

A2： 请问、这儿可以用自己的磁盘吗?

A3： 请问、这儿可以输入韩文吗?

B： 没问题。

2)

A： 你们是怎么收费的?

B： 一个小时十块钱。
两个小时二十块钱。
三个小时三十块钱。

3)

A： 你想用哪一台?

B： 我想用八号台电脑。
我想用能输入韩文的电脑。
我想用那边那一台。

작문 연습

A : 여기서 이메일 보낼 수 있나요?

B : 그럼요.

A : 어떻게 계산하시죠?

B : 시간당 10원입니다.

A : 2시간 사용하려고 하는데요.

B : 문제 없습니다. 8번 컴퓨터 사용하세요. 금방 켜 드릴게요.

A : 여기서 제가 가지고 온 디스켓을 사용할 수 있나요?

B : 사용할 수 있습니다.

A： 한글을 입력할 수 있나요?

B： 저쪽 (컴퓨터)한 대에 한글 입력기가 설치되어 있어서 한글을 입력할 수 있습니다.

A： 감사합니다.

정답

A: 请问、这儿可以发电子邮件吗?
B: 当然可以。
A: 你们是怎么收费的?
B: 一个小时十块钱。
A: 我想用两个小时。
B: 没问题。
请你用八号电脑、马上给你打开。
A: 你们这儿能使用自己的磁盘吗?
B: 可以使用。
A: 请问这儿能不能输入韩文?
B: 那边的一台安装好了韩文输入器、
你能输入韩文。
A: 谢谢。

간체자 써보기

发									
电									
邮									
费									
磁									
盘									
输									
韩									
台									
装									
器									

번체자 익히기

发 ---→ 發	电 ---→ 電
邮 ---→ 郵	盘 ---→ 盤
输 ---→ 輸	韩 ---→ 韓
台 ---→ 臺	装 ---→ 裝

문제 풀이

1. 다음 단어의 올바른 병음과 성조를 적어주세요.

[예] 人 rén

(1) 生活　(2) 琐事　(3) 网吧　(4) 电子邮件　(5) 韩文　(6) 输入器　(7) 磁盘

정답 (1) shēnghuó　(2) suǒshì　(3) wǎngbā　(4) diànzǐ yóujiàn
(5) Hánwén　(6) shūrùqì　(7) cípán

2. 다음 단어의 뜻을 적어 넣으세요.

[보기] 发, 输入, 收费, 打开, 使用, 用, 想, 安装

(1) (　　　) 电子邮件。	이메일을 보내다.
(2) (　　　) 电视。	텔레비전을 켜다.
(3) (　　　) 电脑。	컴퓨터를 켜다.
(4) (　　　) 韩文。	한글을 입력하다.
(5) (　　　) 电脑。	그는 컴퓨터를 사용한다.
(6) (　　　) 自己的磁盘。	자신의 디스켓을 입력하다.

정답 (1) 发　(2) 打开　(3) 打开　(4) 输入　(5) 使用　(6) 输入

13주차

제22과 在美容院
미용실에서

服务员: 欢迎光临! 小姐! 您想要做什么?
Huānyíngguānglín! Xiǎojiě! Nín xiǎng yào zuò shénme?
직원 : 어서 오세요! 손님! 뭘 하시려고요?

莉莉: 我想烫发。要等多长时间?
Wǒ xiǎng tàngfà Yào děng duō cháng shíjiān
리리 : 파마를 하려고요. 얼마나 기다려야 되나요?

服务员: 不会等很久、马上就可以。
Bú huì děng hěn jiǔ, mǎshang jiù kěyǐ.
직원 : 오래 기다리지 않아도 됩니다. 금방 됩니다.

(过一会儿)
Guò yíhur
(잠시 후)

服务员: 小姐! 该你了。请这边坐。
Xiǎojiě Gāi nǐ le. Qǐng zhè biān zuò.
직원 : 손님 차례세요. 여기 앉으세요.

你要烫什么样的?
Nǐ yào tàng shénmeyàngde?
어떤 스타일의 파마를 하시겠어요?

要大卷儿的还是小卷儿的?
Yào dà juǎrde háishi xiǎo juǎr de?
굵은 컬을 원하세요 아니면 가는 컬을 원하세요?

莉莉: 要大卷儿的。看起来年轻一点儿。
Yào dà juǎr de. Kàn qǐ lái niánqīng yì diǎr
리리 : 굵은 컬로 하려고요. 보기에 젊어 보이게요.

새로 나온 단어

美容院 měiróngyuàn 미용실

烫 tàng 파마하다

该 gāi 본문에서는 '차례가 되다'의 의미로 쓰였다.

什么样的 shénmeyàngde 어떤 모양의

大卷儿 dà juǎr 굵은 파마

小卷儿 xiǎo juǎr 가는 파마

看起来 kàn qǐ lái 보아하니, 보기에는

年轻 niánqīng 젊다

剪 jiǎn 자르다

头发 tóufà 머리

修 xiū 정리하다, 소제하다

服务员：您要不要剪头发？
Nín yào buyào jiǎn tóufa?
직원 : 머리를 자르겠습니까?

莉莉：稍微剪一点儿吧！我还要修指甲、修眉毛。
Shāowei jiǎn yi diǎr ba! Wǒ hái yào xiū zhǐjiá xiū méimáo
리리 : 조금만 잘라 주세요. 저는 손톱 손질과 눈썹정리도 하려고요.

(过一会儿)
Guò yíhur
(잠시 후)

服务员：好了。请您照照镜子。喜欢吗？
Hǎo le Qǐng nín zhàozhao jìngzi Xǐhuān ma?
직원 : 다 됐습니다. 거울에 비춰 보세요. 괜찮습니까?

莉莉：还可以。
Hái kěyǐ.
리리 : 그런대로 괜찮습니다.

服务员：您有没有优惠卡？有优惠卡可以打八折。
Nín yǒu méiyǒu yōuhuìkǎ? Yǒu yōuhuìkǎ kěyǐ dǎ bā zhé.
직원 : 할인카드가 있으세요? 할인카드가 있으시면 20% 할인이 됩니다.

莉莉：我今天第一次来，给我做一张吧！
Wǒ jīntiān dì yī cì lái, gěi wǒ zuò yì zhāng ba!
리리 : 제가 처음 왔습니다. 한 장 만들어 주세요.

指甲 zhǐjiá 손톱

眉毛 méimáo 눈썹

照 zhào 비추다, 조명하다

镜子 jìngzi 거울

还可以 hái kěyǐ 그런대로 괜찮다 (썩 좋지 않고 그런대로 좋다는 것을 의미)

优惠卡 yōuhuìkǎ 할인카드

= 打折卡 dǎzhékǎ

打折 dǎzhé 세일하다, 할인하다

第一次 dì yī cì 처음으로

13주차

중국어 포인트

1) 명사

- 美容院 měiróngyuàn　미용실
  理发店 lǐfàdiàn　이발소
- 烫 tàng　파마하다
  烫 tàng + 头发 tóufà　(머리를) 파마하다
  烫发 tàng fà　파마머리(명사)
- 剪 jiǎn　자르다
  剪 jiǎn + 头发 tóufa　머리를 자르다
- 修 xiū　정리하다, 손질(소제)하다
- 指甲 zhǐjiá　손톱
- 眉毛 méimáo
  修 xiū + 指甲 zhǐjiá　손톱을 소제하다
  修 xiū + 眉毛 méimáo　눈썹을 정리하다
- 照 zhào　비추다, 조명하다
  照 zhào + 镜子 jìngzi　거울에 비추다
- 大卷儿 dà juǎr　굵은 파마
- 小卷儿 xiǎo juǎr　가는 파마
- 优惠卡 yōuhuìkǎ　할인카드
  打折卡 dǎzhékǎ
  特惠卡 tèhuìkǎ　특별할인카드
  特别优惠卡 tèbié yōuhuìkǎ

- 打折 dǎzhé　세일하다, 할인하다

  打八折 dǎ bā zhé　20% 할인

  打三折 dǎ sān zhé　70% 할인

TIP

미용실이나 이발소에서 사용하는 용어

① 理发 lǐfà 이발하다
② 吹发 chuīfà (헤어드라이어 등으로) 머리를 말리다
③ 洗发 xǐfà 머리 감다
④ 染发 rǎnfà 머리를 염색하다
⑤ 皮肤按摩 pífū ànmó 피부 마사지
⑥ 头皮屑 tóupí xiè (머리카락)비듬
⑦ 刮脸 guāliǎn = 刮胡子 guā húzi 면도하다

2) 표현

- 多长时间 duō cháng shíjiān　얼마나 긴 시간
- 等 děng　기다리다

  很久 hěn jiǔ
- 该 gāi　본문에서는 '차례가 되다'의 의미로 쓰였다.

예문

该你了	gāi nǐ le	네 차례가 되다

- 什么样的 shénmeyàngde　어떤 모양의

예문

烫什么样的	tàng shénmeyàngde	어떤 모양의 파마를 할까(하시겠습니까)?
画什么样的	huà shénmeyàngde	어떤 모양의 그림을 그릴까(그리시겠습니까)?

• 看起来 kàn qǐ lái — 보아하니, 보기에는 주로 문장의 앞에서 삽입어로 쓰인다.

예문

看起来，要下雨了。 Kàn qǐ lái, yào xiàyǔ le.
看起来，他生气了。 Kàn qǐ lái, tā shēngqì le.

• 年轻 nián qīng — 젊다

• 还可以 hái kě yǐ — 그런대로 괜찮다 (썩 좋지 않고 그런대로 좋다는 것을 의미)

• 第一次 dì yī cì — 처음으로

예문

他第一次来。 Tā dì yī cì lái. 그는 처음으로 온다.

읽기 연습

- 您想要做什么　nín xiǎng yào zuò shénme
- 要等多长时间　yào děng duō cháng shíjiān
- 不会等很久　bú huì děng hěn jiǔ
- 该你了　请这边坐　gāi nǐ le qǐng zhè biān zuò
- 你要(烫)什么样的　nǐ yào (tàng) shénmeyàngde
- 要大卷儿的还是小卷儿的　Yào dà juǎrde háishi xiǎo juǎr de
- 看起来年轻一点儿　kàn qǐ lái niánqīng yì diǎr
- 您要不要剪头发　nín yào buyào jiǎn tóufà
- 我还要修指甲、修眉毛　wǒ hái yào xiū zhǐjiá, xiū méimáo
- 请您照照镜子　qǐng nín zhàozhao jìngzi
- 您有没有优惠卡　nín yǒu méiyǒu yōuhuìkǎ
- 有优惠卡可以打八折　yǒu yōuhuìkǎ kěyǐ dǎ bā zhé
- 我第一次来、给我做一张吧　Wǒ dì yī cì lái, gěi wǒ zuò yì zhāng ba

회화 연습

1)

A: 您想要做什么?

B: 我想烫发。

我想剪发。

我想修指甲。

我想修眉毛。

2)

A: 要等多长时间?

B: 不会等很久。

马上就可以。

等半个小时,差不多。

3)

A: 你要烫什么样的?

B: 我要烫大卷儿的。

我要烫小卷儿的。

A1: 你要剪什么样的?

B1: 我要剪年轻一点儿。

我要剪短一点儿。

4)

A： 你要烫大卷儿的还是小卷儿的？

B： 我要烫大卷儿的。

我要烫小卷儿的。

5)

A： 你要烫发还是剪发？

B： 我要烫发。

我要剪发。

6)

A： 你要修指甲还是修眉毛？

B： 我要修指甲。

我要修眉毛。

13주차

작문 연습

A : 어서 오세요! 뭘 하시겠어요?

B : 파마하려고 하는데요. 얼마나 기다려야 할까요?

A : 오래 기다리지 않아도 돼요. 금방 하실 수 있어요.

아가씨! 이쪽으로 앉으세요. 파마를 어떻게 해드려요?

B : 굵은 컬로 말아주세요. 보기에도 젊어 보이게요. 머리도 약간 다듬어 주세요.

A : 손톱 소제와 눈썹도 손질하시겠어요?

B : 그러죠.

A : 다 됐습니다. 거울을 보세요. 맘에 드세요?

B : 그런대로요.

A : 할인카드 있으세요? 있으시면 20% 할인해 드려요.

B : 제가 처음 왔어요. 한 장 만들어 주세요.

정답

A: 欢迎光临! 您想要做什么?
B: 我想烫发。要等多长时间?
A: 不会等很久。马上就可以。
小姐! 请这边坐。你要烫什么样的?
B: 我要烫大卷儿的。看起来年轻一点儿。
头发也要剪一点。
A: 你要不要修指甲和修眉毛?
B: 好的。
A: 好了。请你照照镜子。你喜欢吗?
B: 还可以。
A: 您有没有优惠卡?
有优惠卡可以打八折。
B: 我第一次来、给我做一张吧!

13주차

간체자 써보기

烫

甲

发

眉

卷

照

轻

镜

剪

优

头

惠									
修									
卡									
指									

13주차

번체자 익히기

烫 ---> 燙

发 ---> 發

轻 ---> 輕

头 ---> 頭

镜 ---> 鏡

优 ---> 優

惠 ---> 惠

문제 풀이

1. 다음 어휘의 병음과 성조를 쓰세요.

(1) 欢迎光临
(2) 烫发
(3) 指甲
(4) 眉毛

정답 (1) huānyíng guānglín (2) tàng fà (3) zhǐjiǎ (4) méimáo

2. 빈 칸에 알맞은 중국어를 보기에서 골라주세요.

[보기] 打 刮 照 烫 修 剪 眉

(1) ( ) 头发 머리를 자르다
(2) ( ) 头发 (머리를) 파마하다
(3) ( ) 镜子 거울에 비추다
(4) ( ) 指甲 손톱을 손질하다
(5) ( ) 胡子 면도하다

정답 (1) 剪 (2) 烫 (3) 照 (4) 修 (5) 刮

3. 다음 해석으로 올바른 것을 골라주세요.

(1) 稍微剪一点儿吧。 조금만 잘라주세요. ( )
(2) 有优惠卡可以打八折。 할인카드가 있으면 80%가 할인됩니다. ( )
(3) 你要烫什么样的? 파마를 어떻게 해 드릴까요? ( )
(4) 还可以。 아직 가능합니다. ( )

정답 (1) O (2) X (3) O (4) X

중국어 기초회화 2

초판 인쇄 2014년 3월 20일
초판 발행 2014년 3월 31일

지은이 김진아
발행인 김인철
발행처 한국외국어대학교 출판부
130-791 서울특별시 동대문구 이문로 107
전화 02)2173-2495~7
팩스 02)2173-3363
홈페이지 http://press.hufs.ac.kr
전자우편 press@hufs.ac.kr
출판등록 제6-6호(1969. 4. 30)
디자인 · 편집 디자인퍼브 02)2254-4308
인쇄 · 제본 현문자현 031)902-1424

ISBN 978-89-7464-909-8 98720 정가 15,000원

*잘못된 책은 교환하여 드립니다.

HU:iNE은 한국외국어대학교출판부의 어학 및 사회과학도서 Sub Brand이다. 한국외대의 영문명인 HUFS, 현명한 국제전문가 양성의(International+Intelligent)의 의미를 담고 있으며, 휴인(携引)의 뜻인 '이끌다, 끌고 나가다'라는 의미처럼 출판계를 이끄는 리더로서, 혁신의 이미지를 담고 있다.